하루 하루가 소중한 날, 매일 매일이 기념일

인문학 시인선 038

## 하루 하루가 소중한 날,
## 매일 매일이 기념일

양재영 제3시집

제1쇄 인쇄 2025. 6. 10
제1쇄 발행 2025. 6. 15

지은이 양재영
펴낸이 민윤식
펴낸곳 인문학사

등록번호 제 2023-000035
서울시 종로구 종로19(종로1가) 르메이에르빌딩 A동 1430호
전화 : 02-742-5218

ISBN 979-11-93485-35-4 (03810)

ⓒ양재영, 2025
Printed in Seoul, Korea

*잘못 만들어진 책은 본사나 구입하신 서점에서 교환하여 드립니다.
*이 책은 저작권법에 의해 보호받는 저작물이므로 저작자와
 출판사의 서면동의 없이는 무단 전재와 무단복제를 금합니다.

인문학 시인선 038

양재영 제3시집
# 하루 하루가 소중한 날,
# 매일 매일이 기념일

인문학사

## 시인의 말

크게 의미 없는 글로써 주변 사람들에게
시인이 되었음을 알려 왔습니다.
저와 가족들의 이야기로 시작하였는데,
지금도 여전히 저와 제 주변의 이야기로
세상을 바라보고 있습니다.

시간은 우리의 의지와 상관없이 흐르고,
조국의 산천은 여전히 역동적이지만,
화합보다는 반목의 기운이 좌충우돌
회오리치고 있습니다.

제2시집을 발표한 지 1년이 된 시점에서
여전히 시시콜콜한 이야기가 넘치겠지만,
제3시집에서는 누구나 겪어 온
기념일에 대한 이야기와 계절에 따른 절기 시로
공감을 얻고자 합니다.

해마다 찾아오는 24절기와 수많은 기념일에,
뜻있는 사람들이 모여 특별한 목적과 대상을
축하하고 기념한다면, 어찌 반목만 있겠습니까?

조만간 화합하여 손을 맞잡고
어깨를 나란히 하고 같은 길을 걸어가는
멋진 모습을 기대합니다.

2025년 6월
뜨거운 여름의 초입, 하노이에서
양 제 영

서시

# 기념일과 축제

하루하루가 소중한 날
지나가는 세월에는 가속도가 붙으니
그래서 더욱 소중한 날이다

매일매일이 기념일이다
어제와 같은 일은 멋진 추억이며
새로운 일들은 기적이니 말이다

나로부터 시작하여 공동체까지
작은 것으로부터 범 국가적인 것까지
모두가 기념비적이지 않은가!

농업, 경제, 스포츠, 문화, 사회 분야 등
기념의 목적과 의미도 참으로 다양하네
두루두루 기념하니 얼마나 좋은가!

세상에 다툴 일이 많지만

이 좋은 기념일에 만나 서로를 축하하고

내일의 기념일을 기다리자


웃고 마시고 춤추고 노래하며

축제의 장을 열어 보자

오늘도 내일도 즐거우리라

contents

005 시인의 말
006 서시 – 기념일과 축제

# 1

014 동방의 별들아
016 떼어낼 수 없는 그리움
018 빵과 장미
020 서울에도 새 봄은 온다
022 희망과 결실의 케이크
024 숫자의 참된 의미
026 이제야 주인이 되었다
028 제주의 눈물과 바람
030 보건의 노래
032 예비군 아버지와 아이
036 함께 그리는 세상
038 열정의 불꽃, 과학
040 정보와 통신의 축복
042 법의 날
044 거북선의 노래
046 이 땅의 파수꾼
048 녹두장군의 노래
050 자유를 향한 뜨거운 마음
052 더 깊은 사랑의 날
054 한 쌍의 기러기처럼

056 꿈과 공존
058 펜과 지식의 의병
060 지구의 푸른 숨결
062 6월의 불꽃
064 4-2-3-4
066 6.25의 기억과 미래의 약속
068 힘을 주는 메시지
069 정보보호의 두꺼운 철벽 길
070 푸른 하늘과 희망
071 나이테에 담겨 있는 이야기
072 한민족의 굳센 뿌리
074 평화 그리고 헌신
075 스포츠와 꿈
076 부마의 함성
078 뿌리를 지키는 노래
080 사명과 희생
081 중단된 역사, 새로운 미래
082 꿈과 빛의 약속
083 파도와 꿈의 현실
084 금융의 숲
086 그날처럼, 언제나
088 농부의 희망과 결실

089 이 땅을 비추는 등불
090 소비자의 힘과 변화
091 무역의 역군이 되어
092 12월의 검은 그림자
094 유쾌한 푸념
096 안전과 기술의 K-원자력

# 2

100 새 날의 감동
101 주전자와 지짐이
103 둥근 빛의 보살핌
104 행복한 여정
106 넌픽션 연극은 계속된다
108 뺑이요
110 양식을 심자
112 엄마의 송구영신
114 배려와 감사
116 사랑의 선물
118 가슴에 기리는 사랑의 날
120 사랑의 격려
122 내 생일이 다가오면
123 자유와 평화를 위한 희생
124 단오와 신념

125 초복과 같잖은 식재료
126 법본을 바로 세운 날
127 뜨거운 사랑 노래
128 삼천리의 눈물 이야기
129 한가위 달빛과 가을향기
130 헌신과 희생
131 여전한 우리의 하늘
132 평화의 이름 아래
134 또 다른 30년 인생의 시작
136 3일의 축복과 그리움


# 3

140 새벽 여명
142 얼음이 물이 되듯이
144 찌든 때를 벗겨내고
145 님은 언제 올까
146 새로 시작하는 의미
147 기상예보관
148 여름, 추억 그리고 미래
150 작은 만족과 큰 욕심
152 사랑 놀음
153 인생의 절정
154 꿈을 키우는 아이들

156 대서특필
158 입추와 입추
160 삐뚤어진 입
162 대풍의 눈물
164 풍성한 낙원
165 겨울맞이
166 된서리, 추운 겨울
168 먼 봄 생각
169 아직은 가을이네
170 입이 궁금하네
171 팥죽 준DAY
172 재탄생의 기적
174 포용과 이해

**평설**
177 삶의 소중한 날들과 세상의 기념일을
시화詩化하다/조명제

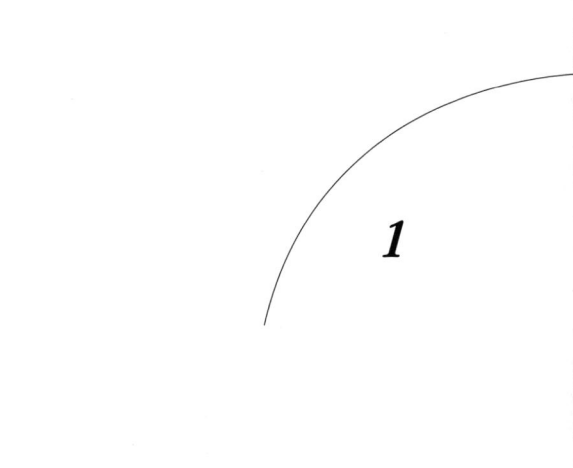

# 동방의 별들아
– 2.28. 민주화운동 기념일


횃불을 밝혀라! 동방의 별들아!
죽은 것 같은 학생들이
성난 사자로 살아난다

노도 같은 강물이 작은 봇물로 막아질까?
2.28 유세일이 일요일인데
학기말 고사, 토끼사냥, 졸업 송별회, 임시수업으로
휴일 등교가 가당하기나 한가?

학도호국단 관제 조직에 묶였지만,
고교생들은 "자유를 달라! 정치도구화 말라!" 하며
대학생 형들도 믿지 못하며
밖으로 뛰어나간다

이는 단지 시작일 뿐
3.15와 4.19로 이어지는 위대한 서막이다
바로 민주화의 초석인 것이다
수십년간 학생들이 민주화의 선봉에 서게 되는
세계 역사상 희귀한 사례인 것이다

과거를 회상하고 미래를 그려 보는 지금도
하늘에는 그 시대의 이름없는 별들이 반짝인다

# 떼어낼 수 없는 그리움
−3.3. 납세자의 날

또 한 해가 지나고 봄이 왔다오
못 본 지가 오래 되어서인지
당신이 무척이나 그리워지는구려

딸 페르세포네\*를 그리워하는 데메테르\*처럼
너무나 그리워 지옥이라도 찾아가고 싶소
얼굴은 보여 주지 않아도 좋소
당신의 체취, 당신의 숨결만이라도
느끼고 싶소

당신이 있다는 그 곳에는
그대의 숨결이 느껴질까?
삶의 흔적은 찾을 수 있을까?

우리의 관계는 태생부터이니
어찌 떼어낼 수 있으리요.
부탁이니 보낸 편지에 답장이라도 해주오
답장이 싫다면 편지에 적힌 부탁이라도
들어주오

그리만 해준다면 다시는 당신을 찾지 않고
내 가슴속에 그리움으로만 묻어두고 지내겠소
편지에 적힌 시한까지 아무 연락이 없으면
38기동대의 이름으로 납세자인 당신을 찾아가리라

*페르세포네 : 그리스 신화, 제우스와 대지의 여신 데메테르
 사이에서 출생한 딸
*데메테르 : 그리스 신화, 제우스의 누나이자 네 번째 부인.
 (하계의 신, 하데스는 어느 날 자신의 조카인 페르세포네에 반해
 납치를 하여 부인으로 삼게 되는데, 이에 데메테르는 제우스에게
 고해 바쳐, 일 년의 반은 지상에서 살게 하고, 일 년의 반은
 땅 밑에서 사는 것으로 협상을 하였다. 딸이 지상으로 오면
 데메테르가 생기를 찾고, 지하로 가면 생기를 잃게 되어
 사계절이 생기게 되었다고 함.)

# 빵과 장미*
―3.8. 여성의 날*

나혜석 거리를 걷는다
해가 뜨기 직전의 겨울 새벽처럼
목덜미에 냉기가 전해진다.
나혜석이 순간순간 체감했던
느낌이 바로 이랬을까?

'세상 반은 남자 또 반은 여자'
왜 평등하지 못해
여성들에게 고뇌와 번민을 안겼을까?

신여성으로서 한걸음 한걸음이
조선여성 전체의 진보가 된 그녀
출산과 양육 그리고 정조에 대한
파격적 해석으로 비난과 조소를 받았던 그녀

3.1운동의 여성참여를 조직하다 치른 옥고
여성의 권리신장 활동으로 받은 일제의 탄압
누가 감히 그녀를 비난할 것인가?

선각자는 외롭고 힘들다.
루트커스 광장*의 여성들도 선각자였고
리더가 있었겠지?
그녀들도 나혜석과 같은 마음이지 않았을까?


나는 오늘 그녀들을 찬양하고
그녀들의 육체적 안식을 위해 빵을 준비하고
마음의 평안을 위해 장미 한 그루를 심는다


*빵과 장미 : 소녀시대 "화성인 바이러스"의 가사에서 따옴
*1908.3.8. 여성의 날 : 뉴욕에서 '우리에게 빵과 장미를
달라'라고 외치며, 생존권과 노동조합결성의 자유를 위한
여성들의 시위가 있었음
*루트커스 광장 : '우리에게 빵과 자유를 달라'는
시위를 벌였던 광장

# 서울에도 새 봄은 온다
-3.14. 서울 재수복일

1950년 6월25일
위선의 깃발과 군홧발에 짓이겨진
서울은 한동안 텅 빈 가슴을
부여안고 울었지요

수많은 희생과 주검을 넘고서
1950년 9월28일에
겨우 죽음의 도시 서울은
자유민주의 자랑스러운 태극기를
품에 안았답니다

그러나 1951년 1월4일
서울은 행복과 기쁨을
채 맛보기 전에
통철한 아픔을 또 느끼게 되었지요

오늘 3월14일은 엊그제의 꽃샘추위가
영하의 혹한으로 몰고 갔지만
금방 봄이 찾아온 것처럼
22년 전 서울을 다시 찾은 날이네요

아무리 추워도
아무리 매서워도
스스로 사랑하며 견딘 결과
봄이 찾아왔지 않았나요?

잊지 않고
기념하고 배우고 가르친다면
서울은 더 이상 아프지 않고
서울에도 새봄이 계속 오겠지요

# 희망과 결실의 케이크
−3월 셋째 수요일. 2023년도 '상공의 날'

꿈을 꾸며 문을 열고
어렵지만 자긍심을 먹고
희망을 마시며
꾸려온 일터

폭군의 광기어린 전쟁
야차 같은 코로나의 후유증
일터의 문은 녹슬어 가고
꿈마저 색이 바래어 가네

입에는 멀건 풀이 묻어가고
목구멍엔 물조차 넘기기 힘든데
근로자 같지도 않은 노동자 단체는
1할이 넘는 임금 인상을 요구한다

우라질
소비자 물가가 그렇게 올랐단다
그럼 생산자 물가는 가만히 있나?
내가 생산한 제품은 왜 소비자 물가에
포함되지 않지?
왜 가격을 올려 받지 못하지?

상공의 날
분명 즐겁고 축제 같은 날이 되어야 하는데
슬픔과 분노가 슬며시 고개를 든다

어느 놈 하나
위로의 말도 없고
세금 고지서만 정확하게 배달된다

그래도 버텨야지
가족이 있고
순수한 회사 식구들이 있지 않은가?

내년 오늘은
다 같이 웃으면서
희망과 결실의 케이크를
잘라 보자

# 숫자의 참된 의미
— 3.15와 4.19 기념일

아침에 눈을 떠서 거울을 보는데
TV자막처럼 숫자가 지나간다.
22838315419 22838315419*…
기억하기조차 힘들고
읽어내는데도 숨이 차다

무엇이 우리를 이렇게도
힘이 들게 했을까?

부정과 협잡에 기인한
민주에 대한 열망과 갈증을
왜곡하다 못해 최루탄과 총으로
무시하던 때가 있었지

세상은 바뀌었다.
여전히 힘든 세상이지만
그래도 규칙과 과정은 지켜져야 한다

CSR, ESG, ISO, SAI* 등
수많은 표준을 기업들은 지켜내며
투명하고도 경쟁력 있게
가꾸어 나가야 한다

선배들이 뜨거운 피와
거친 숨결로 지켜낸 이 자유민주주의를
대립과 갈등으로만 치닫는 족속들에게는
어떤 표준과 규칙이 적용될까?

그들이 법을 잘 준수하고
과정을 투명하게 하고
서로를 존중하며 협치를 하는 것을
보기가 참 어렵다
그들만을 비난하기에는
민도가 바람직한 수준일까 하는
의문도 든다
숫자의 참된 의미는 무엇일까?

*22838315419 : 2.28민주운동, 3.8민주주의의거, 3.15의거, 4.19혁명
*CSR, ESG, ISO, SAI : Corporate Social Responsibility, Environmental, Social and Governance, International Organization for Standardization, ('평등한'을 뜻하는 그리스어 ἴσος(ísos)를 가져와, ISO를 모든 언어에서 쓰는 약칭으로 정했다), Social Accountability International

# 이제야 주인이 되었다
-3월 넷째 금요일. 2023년도 '서해수호의 날'

그날처럼, 대한민국을 지키겠습니다
그날은 하루가 아닌 세개의 하루입니다
제2연평해전, 천안함 피격, 연평도 포격도발

서해 55인의 용사는
하얀 파도 포말처럼
순백의 55송이의 국화꽃이 되어
아스러져 버리고 말았습니다

어머니는 "너 없는 열 번째 봄"을 서럽게 낭독하고
장병들은 "그날에서 내일로" 서해수호의
다짐을 외칩니다

참전용사도 군가 "나를 넘는다"를 부르며
조국수행의 의지를 한껏 보탭니다

롤콜Roll Call*로 영웅들 한 명씩 호명하고
진심을 담은 포옹과 위로에 더불어
"어찌 평정을 유지하겠나?"라고 마음을 전합니다

어머니는 눈물로 말씀하십니다.

"이제야 객이 아닌 주인이 되었다."

*롤콜 : 국립이천호국원이 제8회 서해수호의 날을 맞이해
서해수호 55 용사들의 이름을 다시 부르는 롤콜 행사를
진행하며 국토 수호를 위해 희생한 넋을 기리고
현충탑에 참배했다. (출전 ; 공감신문)

# 제주의 눈물과 바람
-4.3. 4.3희생자 추념일

푸른 제주 바람 속에
잊힌 자들의 영혼이
조용히 흩날리며
시린 바다와 하늘을 감싼다

거센 폭풍에 밀려
희망을 묻은 땅 위에
희생의 기억이 가득하고
그들의 눈물은 바람에 흩어지네

광복의 빛을 쬐고
기쁨과 희망에 부푼 그들은
믿었던 내 민족의 총칼에
아픔을 지니고 쓰러져 갔네

이 어두운 과거를 꺼 집어내고
잔잔한 물결을 바라보며
오늘은 그들의 고통을 달래고
희망의 꽃을 피우려 한다

이곳에서 다시는
이런 비극이 없길 바라며
우리는 그들의 희생을 기리며
평화를 위한 길을 걷고자 하네

푸른 제주, 바람과 함께
희생의 아픔을 안고
희망을 등에 지고
우리가 함께 나아가리라

## 보건의 노래
−4. 7. 2023년도 보건의 날

일상의 평화를 누리는
우리는 알지 못했다
모래 폭풍의 위험이
조용히 다가오는 것을

메르스의 검은 그림자
그 한 여름의 뜨거운 암흑
대도시를 점령한
차갑게 얼어붙은 불안

하늘에서 떨어진 것처럼
감염의 위협은 갑작스럽고도
뚜렷이 존재하였고
우리는 갈피를 잡지 못했다

그리고 코로나가 세상을 강타하며
기억 속에 남은 무서운 흔적들
마스크와 거리두기
그리고 새로운 일상의 규칙들

보건의 방패로
우리는 싸워야 했고
희망의 불씨를 지키며
서로의 마음을 다독거렸다

이제 지나온 길을 돌아본다,
혼돈의 절망 속에서
우리는 무엇을 배웠는가?
어떤 지식과 깨달음을 얻었는가?

어쩌면 우리는 이해할 수 있다
인류의 연대와 인류애가
어둠 속에서도 빛을 발하며
앞으로 나아가는 힘이 되었음을

전염병과 싸운 보건의 노래는
우리가 함께 노래한 것이며
그 안에서 우리는 서로를
더 깊이 이해하게 되었다

새로운 규칙 희망의 불씨
지식과 깨달음으로 쓰여진
강력한 보건의 노래를
길이 보전하여 나가자

# 예비군 아버지와 아이
−4월 첫째 금요일. 예비군의 날


"우리는 대한의 향토예비군
나오라 붉은 무리! 침략자들아!"

국민학교 운동장에는
개구리복을 입은 예비군들이
군가를 부르며 훈련에 열중이고
다섯 살 남짓한 아이는
아버지의 훈련모습을 보며
지구본에 올라타 빙빙 돌며
땅에다가 금을 긋고 있다

놀이가 지겨워질 때쯤
군가소리가 들리지 않음에
화들짝 고개 들어 아버지를 찾는데
보이지가 않는다

아이는 두렵고 슬펐다.
아버지를 믿고 혼자서 놀고 있었는데
버림을 받았다는 생각이 들었다

아버지를 목놓아 부르며
울면서 집으로 가니

아버지는 총기를 반납하고 먼저 와 계셨는데
태연스럽게 "니 어데 갔다 오노?"
참 얄밉다

아이의 삐친 모습은
금방 표시가 나는 법
아버지는 여벌 군복을
아이에게 안성맞춤으로 줄여 입혔고
요대와 각대까지 채워 주셨다

아이는 금방 멋진 군인이 되어
어른이 된 기분에 어깨가 으쓱했고
아버지가 자랑스러웠다
아버지는 그냥 우상이었다

그러나 지금의 아버지는
늙고 볼품이 없다
오히려 나이든 그 아이에게
의지하고 있다

그 아이는 과거처럼
아버지가 좋지도 않고 자랑스럽지도 않다

아버지도 그 아이를 자랑스럽게만
생각하시지는 않는 것 같다

아버지는 갈수록 아이처럼 변해가시고
그 아이는 나이가 들어 아버지가 되었다
아이는 아버지의 마음으로 아버지를 돌보지만
아버지는 아이의 마음으로 자식을 쳐다보니
어찌 아이가 자랑스러울까?

그래도
내일은 당장 아버지를 찾아 뵙고
아버지의 마음으로 아버지를
돌보는 시간을 가져 보아야겠다
진정한 사랑은 내리사랑이지 않은가!

그 아이는 혀 짧은 다섯 살로 돌아가
예비군가를 불러 본다.
"우리는 대한에 향토예비군
나호라 붉은 무리! 짐작자들아!-"

# 함께 그리는 세상
—4. 20. 장애인의 날

오늘 우리의 손길에
세상이 더 넓어집니다
장애의 경계를 넘어
희망의 세상을 함께 그립니다

장애란 다름이 아닌
서로 다른 색깔의 모자이크
어떤 모습이든 소중한
하나의 완벽한 조각입니다

길 위의 작은 돌부리에 마저
넘어지지 않게 손을 내미는
그 따뜻한 마음이 모여
세상은 더욱 넓어집니다

서로의 이야기에 귀 기울이며
차별이 아닌 이해로
서로의 꿈을 응원하고
희망의 꽃을 피워냅니다

우리가 함께 걸어가는 길에
편견과 곁눈질이 사라지고
모두가 평등하게 꿈을 꿀 수 있는
아름다운 세상이 펼쳐집니다

오늘은 우리 모두의 날
모두가 손을 맞잡고
사랑과 존중의 노래를 부르면
희망의 꿈이 펼쳐 보일 것입니다

# 열정의 불꽃, 과학
―4.21. 과학의 날

무한한 세계를 밝히는 빛
꿈을 현실로 불태우는 힘찬 길잡이
진리를 찾아가는 열정의 불꽃
과학

별들의 비밀을 풀어가는 감동에
첨성대가 있고
지성의 발전을 이끄는 지혜의 힘은
금속활자와 한글이 당당하네

측우기, 해시계는
백성들의 생활을 풍요롭게 하였고
외세의 침입을 막아내고
이 강산을 지켜온 거북선도 과학이라네

노벨상을 받지 못했어도
우리에겐 이미 1등 휴대폰이 있고
세상이 깜짝 놀란 반도체가 있고
디스플레이와 배터리가 있음이야

내일을 위해서는
누리호의 굉음은 계속되어야 하고
새로운 반도체인 AI chip은 물론
또다른 획기적인 결과물이 만들어져야 하겠지

과학의 날
새로운 세계를 열어주는 염원의 향기
그 영광스러운 날을
함께 축복하며 빛내어 보자

# 정보와 통신의 축복
−4. 22. 정보통신의 날

비 오는 날 호수의
수많은 동심원처럼
디지털 신호가 퍼져 나간다
유무선 구분 없는 상상 너머의 세상에
무수한 데이터들은 이합집산 중이네

지혜의 눈처럼 반짝이는 스크린
버튼을 누르는 손길과
메시지를 전하는 손은 분주하다
언어와 문화를 초연결한 세상
정보의 바다에서 우리는 헤엄친다

디지털 세상 속 이야기들에
우리는 연결되어
무한한 지혜와 사랑을 나누며
서로의 소리를 듣고 마음을 읽으며
더 나은 내일을 꿈꾸어 나간다

기술의 힘으로
함께 만들어가는 새로운 세상
정보와 통신의 축복을 나누고

우리 모두 오늘을 기념하고
미래의 가능성을 함께 열어 가보자

# 법의 날
−4. 25. 법의 날

법을 지키는 수호자
입법, 사법, 행정 과연 어디일까?
어느 한 곳이라도 중심을 잡아야지

법은 조용히 뿌리는 내려
세상의 균형을 지켜주고
모두의 권리를 감싸 안아야지

법은 서로를 존중하는 사회의 틀이며
불확실한 길을 밝히는 등불로서
혼란 속에서도 일관성이 있어야지

법은 꿈을 보호하는 안전망
평화와 질서의 방패로서
불공정한 세상에 맞서 싸워야지

불이익이 없도록 세심히 다듬고
갈등을 해결하며 화해를 나누는
법의 손길은 포근해야 하는 거지

다만 죄 없는 사람은 보호하고
죄진 자는 활보할 수 없도록
죄와 벌을 확실히 가려 줘야지

입법, 사법, 행정
누구라도 그렇게 하길
국민들은 바라만 보고 있지

# 거북선의 노래
—4. 28. 충무공 이순신 탄신일

휘몰아치는 전쟁의 피 바람 속에
솟아오르는 신화 같은 절대존재
거북선이 바다를 가르고
이순신 장군의 그림자가 드리워지네

백의의 전사, 충무공 이순신
위대한 지도자, 이 땅의 영혼
거북선 위에서 한 손에는 장검을
다른 손엔 조국의 희망을 쥐었네

명량의 물결 속에서 불굴의 의지를
삼도수군통제사, 분노를 가득 담은
그의 전투는 단순한 전쟁이 아니었지
국가와 백성을 위한 마지막 싸움이었네

한산도, 그곳에서 두 눈은 검게 빛났고
침략자를 무너뜨리는 전설을 남겼네
파도와 바람을 다스렸고
승리를 향한 길을 열어갔네

칠천의 대적 앞에 당당히 맞서
은밀히 다가온 승리를 잡아내며
거북선의 철갑 속에서
조국의 소망을 지켰던 이순신의 대서사

그의 용기와 지혜는 오늘도 바다를 타고
후손들에게 길을 전하고 있으니
거북선의 그림자 아래
영원히 퍼져 나갈 그의 승리의 노래

바람이 흘러가는 곳에,
그의 이름이 남아 있으니
이순신, 거북선, 그리고 대첩의 전설
우리의 마음속에서 영원히 새겨지리라

# 이 땅의 파수꾼
- 4월 넷째 금요일. 순직의무군경의 날

6.25동란 무장공비사건 서해교전
연평도해전 연평도포격 목함지뢰사건
그리고 사회적 참사와 각 종 범죄현장
푸른 하늘 아래 그들이 있었던 자리다

파수꾼의 의무를 다하며 빛나던 별들
사명감 속에 찬란히 한 줄기 광채처럼
자신들의 안위보다는
자유를 지키기 위해 거침없이 나섰다

총성, 폭음 그리고 폭력 속에서도
그들은 흔들림 없이
조국과 국민을 위한 길을 걸었고
무엇보다 소중한 생명과 꿈을 희생했다

각기 다른 이름 다른 얼굴
그러나 하나된 마음으로
파수꾼의 의무를 완수하며
희생과 용기의 길을 걸었다

밤하늘의 별처럼 그들의 희생은
어두운 시간 속에서도 빛나고
땅 위의 평화 속에서
그들의 정신은 영원히 살아 있다

이제 그들의 이름이
바람 속에 실려 오고
기억의 숲 속에서
희망의 꽃을 피운다

조국의 품에서 그들의 헌신을 기리며
우리는 그들의 희생을 잊지 않고
그들이 걸어간 길을 따라
자유와 평화를 지켜 나가리라

호국의 별들이여
당신들의 이름은 영원히
우리 마음속에 새겨지고
보여준 용기와 헌신은
하늘의 별처럼 변하지 않으리

# 녹두장군의 노래
― 5. 11. 동학농민혁명 기념일

새야 새야 파랑새야
녹두밭에 앉지 마라
녹두 꽃이 떨어지면
청포장수 울고 간다

어릴 시절 누구에게
어찌 배웠는지
동무들과 뛰어 놀며
뜻 모르고 불렀던 노래

내 고향 산천은 녹두장군과
관련이 없는 두메산골
농사로 연명하던 곳이라
영향은 있었으리라

녹두 꽃이 피어나는 봄날
전봉준의 깃발이 바람을 가르네
구비치는 산골짜기와 강의 고요 속에
농민의 외침이 굽이굽이 퍼지네

어둠 속에서 피어난 초록의 노래는
억압을 뚫고 일어선 녹두의 정신
불꽃처럼 타오른 정봉준의 결의는
하늘과 땅을 다시 쓰려 하였네

자연의 힘과, 땅의 소리로 혁명을 외친
새로운 시대를 꿈꾸던 그 한 사람
녹두장군의 이름은 사라지지 않으리
파랑새가 되어 영원히 날고 있으리라

이 땅의 역사에 새겨진 그 날
정봉준의 꿈은 사라지지 않으리라
농민들의 목소리가 함께 울려 퍼지며
자유의 바람은 언제나 푸르게 흐르리라

# 자유를 향한 뜨거운 마음
―5.18. 5.18 민주화 운동 기념일

까까머리 고교 시절
대입 본고사가 있어
지옥의 입시 준비하던 중

거리마다 들려오던
목이 쉰 대중들의
알아듣지 못할 구호

대로의 전차와 장갑차
학생들의 조기 귀가를
독촉하는 수많은 확성기

TV와 신문지면에
보이는 검은 화면과 하얀 지면
그리고 선동적인 뉴스

In 서울 대학생이 되어
상경한 후에야
겨우 알게 된 진실

민주와 자유를 향한
폭압과 폭력
그리고 무자비한 살상

억압의 그림자가 드리워도
강한 의지로 뚫고 나가
자유의 날개는 펼쳐지리라

피로 적신 땅 위에 서서
민주주의의 길을 향해
이제야 듣는 그날의 소리들

우리가 잊지 않을 그날, 5. 18
자유를 향한 뜨거운 마음은
영원히 살아 있으리라

## 더 깊은 사랑의 날
―5월 셋째 토요일. 성년의 날

지금은 낯설은 시절
배가 고프고 추웠었지요
우리 엄마, 아버지는 왜 못사는지
이해가 안 되고 화도 났었지요

어서 어른이 되어
축구공도 사고 야구 배트도 사고
내 맘대로 돈도 쓰고
뛰어 놀고 싶었지요

어른이 되고 보니
내 자식 당장의 소원보다는
미래가 더 중요한 걸
알게 되었네요

지금 당장의 부족함이
미래의 웃음이 될 수 있고
희망으로 변할 수도 있음을
비로소 알게 되었지요

오늘 어른이 되는 날
꿈을 품고 나아가는 길이
저만치 보이기 시작하고
새로운 미래가 펼쳐지겠지요

빛나는 눈동자에
조금은 버거운 세상의 무게와
자유의 바람을 느끼며
그리움을 뒤로한 채 나아갈 수도 있어요

부모의 품을 떠나
스스로의 발걸음을 내딛고
사랑과 책임
모든 것을 안고 가는 날의 시작이네요

함께 즐기며 같이 웃고
내일의 희망을 그리면서
더 깊은 사랑을 배울 수 있는
성년의 날을 다같이 축하해요

# 한 쌍의 기러기처럼
—5.21. 부부의 날

사랑의 밀어를 주고받고
연지곤지 찍고
합환주를 마시고
부부의 연을 맺었지요

살아오며
다툼이 있었지만
더할 수 없는 어울림도 있었고
상처를 주고받았지만
보듬고 이해하려는 노력도 있었지요

사랑의 모습은
참으로 다양하게 나타나지요
마치 드라마 사랑과 전쟁처럼

수 십 년을 살아왔으니
이제 서로를 너무나 잘 알고
긴 세월을 겪어 왔으니
이젠 더 바랄 게 없겠지요

다툼과 전쟁은 지우고
포용과 이해만 충만하면 되겠지요
그것이 우리 부부가 살아가야 할
사랑의 모습이겠지요

마치 한 쌍의 기러기처럼

## 꿈과 공존
-5.31. 바다의 날

어릴 적 뛰어놀던 남쪽 지방의 해안가
낙지, 소라, 멍게, 성게가
세찬 파도에 밀려올 때 마다
눈망울을 채웠던 바다에 대한 꿈들

백사장을 건너 바위섬까지 가는 길
형형색색의 산호초는 쉼터가 되었고
이름모를 바다 수풀을 돌아 돌아
헤엄치는 물고기는 꿈의 동반자였네

먼 바다로 나아가는 배의 앞길
저 멀리서 등대가 길을 알려줘도
그 길은 잔잔하지 않으니
폭풍도, 파도도 스스로 헤쳐 나가야만 하네

자원은 무한하지 않건만
바다는 이미 오염되고 쓰레기로 가득
기술과 노력으로 바다를 살리고
환경을 품어, 미래로 나아가야 하지

어려움이 파도처럼 몰아쳐도
우리는 멈추지 않으리
바다는 어릴 적 우리의 꿈이요
동반자와의 공존의 장이니까

푸른 수평선 끝에
기대와 희망이 솟아오를 것이니
바다는 언제나
우리 곁에 머물러 주겠지

우리가 만든 작은 실천
바다의 생명을 되살리는 길
소중한 바다 다시 푸르게 함께 일으켜
바다의 날에 손을 맞잡고 함께 지켜요

# 펜과 지식의 의병
—6.1. 의병의 날

나라가 위태로울 때 의병은 일어난다
고경명, 곽재우, 홍계남, 정문부…
조선의 산과 들을 달리며
무너진 성벽을 지키고
아버지와 아들의 피로 적신 땅을 되살렸다

낫과 곡괭이가 무기가 되고
힘없는 무지렁이가 전사가 되어
몸과 마음을 바친 희생이
나라를 다시 세우는 힘이 되었으니
그들은 곧 이 강토의 숨결이었다

오늘 우리들은 평화의 시대에 서서
그들의 용기를 되새긴다
적의 위협이 보이지 않아도
마음속엔 의병의 정신이 남아
언제라도 일어날 준비가 되어 있어야 한다

국경은 선뿐만이 아니라 마음으로 지켜내는 것
자발적으로 모여 하나의 방패가 되어
우리의 자유와 가족을 지키는 손길
그것이 현대의 의병이다

들녘에서 타오르던 뜨겁던 불씨를
지금의 우리도 이어받아
언제나 깨어 있어야 하고
또한 강하게 살아야 한다

오늘의 의병은 칼을 벼려 놓고
마음을 다듬고 펜과 지식까지 무기로 삼아
우리의 인보와 자유를 지켜 내야 할 것이다

# 지구의 푸른 숨결
-6.5. 환경의 날


어둠 속에서 새로운 희망이 떠오르는 날
환경의 소중함을 노래하는 날이다
맑은 하늘 아래 푸른 자연이 펼쳐지며
새롭게 태어나는 아름다운 순간인 것이다

바다는 노래하며 파도를 만들어가고
숲은 우리에게 속삭임을 보내며
산들은 높이 손을 들고 춤추며
하늘에는 강렬한 빛이 번쩍인다

지금은 한 마음으로 손을 잡고
환경을 위해 힘을 모을 때이다
나무와 동물, 물과 공기를 지켜가
지구에 사랑을 심어가는 날이다

환경의 날, 지구를 위해 노래하는 날
우리의 작은 손길로 큰 변화를 일으켜보자
지구는 우리의 집이요 보물이다
지구의 푸른 숨결을 계속 이어 나가자

# 6월의 불꽃
−6.10. 6.10 민주항쟁 기념일

탁 치니 "억" 하고 죽고
하늘로 쏜 최루탄이 머리에 박혀
열사들은 민주사회의 열망을 남겨 두고
유명을 달리한다

길 위에 쏟아진 사람들의 함성
바람보다 먼저 터져 나온 진실의 외침이
한 줌의 용기가 되어
우리는 그날의 거리로 모였다

도망치는 사람들 속에 한 학생이 넘어졌고
앞서 걷던 이들이 그를 일으켜 세웠다
손을 맞잡은 순간, 그 여린 푸른 손들이
조금씩 변화의 돌을 굴렸다

경찰차의 벽을 뚫고 나오는 목소리
"자유를 달라!"
그 한 마디에 열망의 불꽃은
한 낮의 거리 위로 퍼져 나갔다

피어난 최루탄 연기 속에서
눈물 젖은 얼굴들이 더 밝게 빛났고
무릎 꿇지 않은 청춘의 발자국이
그 길 위에 깊이 새겨졌다

이제 우리가 서 있는 이 자리
그들의 희생으로 다시금 피어난 자유의 땅
우리는 기억한다
민주의 불꽃은 영원하리라

# 4-2-3-4
―6.15. 노인학대 예방의 날

만물의 영장으로 태어나
일생을 힘차게 살아가나
나이가 들면 노쇠해져
자신을 보호하기도 힘든
사람의 일생

네 발로 태어나니 4요
두 발로 전성기를 보내니 2가 된다
나이가 들어 지팡이가 필요하면 3이 되고
급기야 걷지 못하니 4가 된다

지금 세상에 세 발이 노인인지
네 발이 노인인지 모호하나
너나 나나 노인이 되는 것은
거스를 수 없는 자연의 섭리

자신은 노인이 되지 않을까?
부모, 친지, 이웃 노인에게
패륜을 저지른다
의식주를 제공하지 않고
아플 때 치료를 해주지 않는다

나도 노인이 될 것이니,
먹을 것, 입을 것, 거할 곳을 배려하고
이동권을 보장하자

지팡이도 있고, 목발도 있고,
휠체어도 있지만
두 발로 걷지 못하는 노인을
업어주고 안아주는 배려를 통해
내 두 발이 노인의 발이 되게 하면
어떨까?

그리하여 4-2-3-4를
4-2-3-2로 바꾸어 주면 좋지 않을까?

# 6.25의 기억과 미래의 약속
-6.25. 6.25 전쟁일

어린 시절 영화의 한 장면
시꺼먼 탱크가 굉음을 내지르며
포탄을 쏘며 쳐들어온다

푸르른 산하를 괴뢰에게 짓밟히며
울부짖던 조국의 강산이
경험하지 못한 눈동자에 깊이 새겨진다

수많은 아버지와 삼촌들이
적의 총탄을 육탄으로 저지하고
숨결을 내려 놓으며 지킨 조국

전쟁의 어둠이 길게 드리운 여명
허기진 손길은 서로를 잡고
꺼져가던 불빛을 다시 피웠다

부모형제의 스러진 숨결 속에서
우리는 하나가 되었고
그리움의 눈물을 딛고 일어섰다

아직도 그날의 기억은 남아
우리에게 평화의 소중함을 일깨운다
전쟁의 비극을 다시 겪지 않으리라

우리는 서로 약속한다
비록 괴뢰가 ICBM을 쏘더라도
핵실험을 하더라도

미래의 희망을 두텁게 짓고
역사의 상처를 치유하며
평화와 번영을 위해 걸어가리라

푸른 하늘 아래 전쟁의 포성 대신
희망의 깃발이 조국을 감싸기를
우리 모두 마음 모아 기도한다

## 힘을 주는 메시지
-6.28. 철도의 날

철길을 달리는 기차들이 희망을 싣고 가네
끝없는 여정을 떠나는 그들의 발걸음은
한결같이 미래로 향하는 선물이 되리라

철로 위로 울려 퍼지는 기적의 소리
흐르는 바람과 어우러져 우리 귀에 스며들어
지친 세상에 힘을 주는 메신저가 되리라

철길은 연결의 상징이며
끊임없는 교감의 통로일 뿐 아니라
사람과 사람이 만나는 장소가 되어
이해하고 공감하는 소중한 시간을 선사하리라

우리가 함께 만나 교감을 나눈다면
온 세상이 하나되고 소망과 사랑을 나누며
철로 위에 이어진 우리의 발자취가
새로운 꿈과 가능성을 만들어 가리라

# 정보보호의 두꺼운 철벽 길
−7.12. 정보보호의 날

미래의 세상으로 이끄는 핵심기술
꺼지지 않는 혁신의 불꽃
그러나 어둠의 손길이 스며든다면
혁신의 불꽃은 차갑게 식을지도 모르는 일

기술유출의 위협, 검은 눈동자는 호시탐탐
지키기 어려운 기술창조의 둥지
정보의 흐름, 거대한 파도 위에서
노력하지 않으면 침몰할 것이다

무관심, 무신경 그리고 안이함으로
보안의 장벽을 무너뜨리지 말자
혼신의 힘과 노력으로
핵심기술 창조의 길을 이어가자

눈부신 미래, 기술 우위의 길
정보보호의 힘으로 스스로 지켜내자
보안의 두터운 벽과 기둥을 세워
한층 더 높은 미래를 건설하자

가슴에 품은 비전, 꿈의 미래
기술 창조와 보안의 힘으로 찬란하리라
정보보호의 두꺼운 철벽 길로
세계의 초석에 자리 잡으리라

# 푸른 하늘과 희망
-9.7. 푸른 하늘의 날

푸른 하늘 아래로
빛나는 태양이 비추이는 세상이 눈을 뜬다
구름 한 조각이 바람의 노래와 함께
부드러운 그림자로 길을 만든다

하늘은 언제나
희망의 색으로 날 부르며
세상의 모든 아픔과 슬픔을
그 푸르름 위로 날려 보내어 준다

푸른 하늘이 기억하는
첫 사랑의 따뜻한 떨림과 미소
첫 눈물과 첫 웃음
그 모든 순간에는 향기가 있다

푸른 하늘의 저편 너머로
나는 나의 꿈을 날리며
세상의 모든 아름다움을 안고
무한한 희망으로 나아가련다

# 나이테에 담겨 있는 이야기
−10.2. 노인의 날

오래된 시간 속에 새겨진 발자취와
투박한 손이 만들어 낸 수많은 기적
눈 빛 속에는 무수한 이야기가 흐르고
목소리에는 지나온 세월의 노래가 있다

얼굴의 나이테마다 담겨 있는 깊은 이야기
흰 머리카락 한 올 한 올마다
젊음의 꿈, 어린 시절이 순수한 웃음
청춘의 열정 그리고, 성숙한 사랑이 있다

깊고 깊은 지혜로 우리를 안내하고
넘어지며 헤매던 우리를 기다려 주었던
큰 님들의 손길에 보은의 마음으로
우리의 큰 어른들을 영원히 기억하자

노인의 날, 큰 어른들의 날
세월의 무게와 지혜를 안고 있는 큰 님들에게
깊은 경의와 감사를 전하며
오늘을 함께 하는 날로 기억하자

# 한민족의 굳센 뿌리
-10.5. 세계한인의 날

낯선 땅 낯선 언어 속으로
우리는 작은 짐을 싸고 떠났다
독일의 병동에서 흘린 땀
미국의 공장과 농장에서 보낸 긴 시간들
그리고 전 세계에서의 모든 순간들이 모여
한 편의 이야기가 되었다

힘겨웠던 날들 그러나
따스한 손길을 내민 사람들 사이에
우리는 뿌리내리고 피어나기 시작했지
독일 간호사의 흰 가운 속에
미국 이민자의 거친 손바닥 위에
중동의 모래 사막에 우리는 꿈을 새겼다

세계한인의 날
흩어진 빛처럼 떠난 우리들이
다시 하나의 빛으로 모여
같은 별을 바라보며
서로의 눈 속에 늘 조국을 향했던
그리움을 비춘다

어디에 있든 우리는 한민족임을
영원히 기억할 거야
서로를 위로하며 흘린 땀방울이
한민족의 굳센 뿌리에
생명수가 되었다는 것을
영원히 기억할 거야

# 평화 그리고 헌신
―10.8. 재향군인의 날


조국의 이름 아래 모여
하나 된 그대들의 발걸음
바람이 차갑게 부는 날에도
묵묵히 길을 지켜 온 얼굴들

폭우가 쏟아져도, 햇볕이 뜨겁게 내려도
한치 물러섬 없이 선 그대들
우리의 오늘을 위해 몸을 내던졌던
그 결연한 마음, 강철 같은 눈빛

평화라는 이름 뒤에 숨은
그대들의 흔적, 땀방울, 그리고 상처
누구도 알지 못한 고된 시간 속에서
조용히 새긴 헌신의 자취

그대들 덕분에 내일을 꿈꾸고
그대들 덕분에 평화를 노래하네
우리가 걷는 길 뒤엔
영원히 빛나는 헌신의 깃발

조국의 품을 지켜온 그대들의 마음
고맙습니다, 깊이 감사드립니다
우리의 내일이 밝아올 수 있도록
그대들이 지켜 주신 오늘을 마음에 새깁니다

## 스포츠와 꿈
−10.15. 스포츠의 날

치열한 경쟁에서 하나 되는 우리의 마음
함성 속에서 피어나는 밝은 정서
기쁨과 슬픔이 엇갈리는 순간에
우린 서로의 온기를 느낀다

골과 점수를 얻고 결승선을 통과할 때
우리 마음속 응어리도 풀려나가네
삶의 고단함 속 작은 휴식
사람들과 함께하는 열정의 찰나들

스포츠가 준 건 단순한 경기가 아니라
우릴 하나로 묶는 동질감
때론 치유가 되고 때론 꿈이 되어
우리 마음속 깊이 뿌리내린다

스포츠가 주는 기쁨과 벅참 속에서
우린 서로 다른 삶에서도
건강한 몸 따뜻한 마음으로
하나가 되어 힘찬 하루를 꿈꾼다

# 부마釜馬의 함성
－10.16. 부마민주항쟁 기념일

저 먼 기억 속 어느 10월 하늘 아래
절실히 외치던 절규의 목소리가
바람에 실려 까까머리 중3의
교실 창문을 두드렸다

교과서 속 역사는 허구 같았지만
여기 부산과 저기 마산에서는
형들과 어른들이 거리로 나서며
진짜 역사를 쓰고 있었다

아버지는 알아도 말씀이 없으셨고
어머니는 몰라도 라디오를 끄셨다
하지만 창문 너머 거리에서 들리는
그 함성은 멈추지 않았다

친구들과 쉬는 시간에 속삭였다
'왜 사람들이 화가 났을까?'
'그게 무슨 소용이겠어?'
마음속에는 작은 불씨가 피고 있었다

부마의 밤하늘엔 별 대신
눈물과 분노, 그리고 희망이 흘렀다
중학생인 나는 아무것도 하지 못했지만
그날 배운 건 분명했다

정의는 외치는 자의 것이며
침묵은 아무것도 바꾸지 못한다는 것
부마의 함성은 내게도
평생 지워지지 않을 숙제를 남겼다

## 뿌리를 지키는 노래
– 10월 셋째 토요일. 문화의 날

휘황한 개천開天의 빛에 반짝이는
우리의 땅, 우리의 말
반만년의 시간을 헤치고 온
문명의 빛은 누구의 것인가

가면을 쓴 역사의 손길
이름을 바꾸고 껍질을 벗겨
거짓의 옷을 입히려 하지만
우리의 흙은 기억하리라

강물처럼 흐르던 이야기는
어느 날 갑자기 멈출 수 없고
바람처럼 스며든 혼은
그 누구도 지울 수 없으리라

아리랑 고개 너머 울리는 소리
단청에 깃든 우리의 숨결
세월이 침묵한다 해도
이 땅의 뿌리는 살아 있으리

동북의 구름이 짙어 와도
한복과 김치를 빼앗아 가려 해도
우리의 노래, 우리의 무늬로
다시금 하늘에 새기리라

민족의 숨결이여, 깨어나라
역사와 문화의 침탈을 넘어
이 땅의 혼을 지키는 불꽃이 되어
영원히 밝혀 나가자

## 사명과 희생
−10.21. 경찰의 날

밤을 지새우며 법과 사명을 지키는 이여
정의의 이름으로 앞장서는 당신의 걸음은 무겁지만
그 발자국이 곧 우리 삶의 길이 됩니다

범죄자들이 들끓는 하늘 아래
갈등과 분노 사이에서도 빛을 잃지 않았던 용기
폭력이 난무하는 위험한 현장에서도
마지막까지 사람을 품으려 했던 손길

희생은 늘 보이지 않는 법
때로는 오해와 비난의 파도가
당신의 어깨를 짓누르지만
당신의 결의는 이 땅의 희망입니다

오늘도 묵묵히 나아가는 당신의 뒷모습에
감사의 마음을 담아 바람에 실어 보냅니다
그 모든 순간들이 헛되지 않도록
우리가 기억하겠습니다, 당신의 이름을!

당신은 결코 혼자가 아닙니다

## 중단된 역사, 새로운 미래
-10.26. 10.26사태

가을바람이 불어오던 날
역사의 한 모퉁이가 찢겨 나갔다
총성 한방에 멈춘 시간이여
모두가 숨을 죽인 그 밤

서늘한 공기가 폐부를 찔렀다
한 시대가 끝난다는 예고도 없이.
이념과 이념이 부딪힌 자리
희미한 불빛 아래 분주한 그림자들

광화문에 울려 퍼진 비명
슬픔과 혼란이 뒤섞인 도심
내일의 새벽을 기다리며
끝없는 침묵이 흘렀다

중단된 역사, 새로운 미래
그 날의 기억은 아픔이 되어.
그러나 역사는 이어져 간다
그 날의 상처를 품고서

우리는 다시 일어서리라
새로운 정의와 자유를 꿈꾸며.
10.26의 교훈을 가슴에 안고
밝은 내일은 함께 나아가리라

## 꿈과 빛의 약속
-10. 28. 교정의 날

쇠창살 너머 비치는 희망의 빛
그 어둠 속에서도 피어나는 꿈
구겨진 삶의 페이지를 펴며
새로운 날을 쓰는 이들

벽은 높지만 마음의 길은 열려
따뜻한 손길과 함께 믿음을 심어주고
재소자의 빛이 되고자
희망의 씨앗을 키워내는 이들

교정矯正의 날
정의와 자비가 하나 되는 시간
무너진 삶의 조각을 이어 붙이며
새로운 내일을 꿈꾸는 약속

재소자는 갱생을 향해 나아가고
교정인은 사명으로 길을 비추네
이 날 우리는 모두 생각해 본다
누구나 두 번째 기회를 받을 권리가 있음을

# 파도와 꿈의 현실
― 10. 29. 지방자치 및 균형발전의 날

바람은 산을 넘어 들판을 지나
마을마다 희망의 불씨를 지피네
작은 손길이 모여 만든 희망의 대해
지방자치의 파도는 멈추지 않으리

골목길엔 웃음꽃이 피어나고
깊은 산골짜기에도 햇살이 비치네
균형발전의 그 이름
모두가 함께 걷는 길 위의 축복일세

북쪽의 산이 남쪽의 들을 만나고
동쪽의 바다가 서쪽의 별과 속삭이네
전 국토를 아우르는 미래의 지도
모두의 삶이 아름답게 이어지리

너와 나 그리고 우리의 손으로
가꾸어진 땅 위에 새로운 역사가 흐르리라
지방자치의 빛은 더욱 빛나고
균형 발전의 꿈은 현실이 되리라

# 금융의 숲
−10월 마지막 화요일. 금융의 날


돈은 실개천처럼 적시어 들어
삶의 터전에 고여 드는 것
그 물줄기를 따라 꿈을 심고
금전수를 키우며 희망을 가꾼다.

저축은 씨앗이 되고
부채는 투자가 된다
신뢰라는 뿌리를 내리면
성장이라는 열매가 맺힌다

금융은 숫자 놀음이 아닌
사람과 세상을 잇는 다리
책임벽돌로 만든 보상의 길 위에서
공정과 투명함을 배우네

소비는 조화와 균형을 이루고
대출은 버팀목이 되며
이윤은 다시 씨앗이 되어
더 큰 숲을 만든다

금융은 모두의 손에 들린 도구
함께 나누고 함께 책임지는 길
오늘의 작은 선택 하나로
내일의 숲을 그려 보자

# 그날처럼, 언제나
−11.3. 학생독립운동 기념일

차가운 시간 속에서
뜨겁게 타오른 불꽃이 있었으니
그것은 자유의 외침
나라를 사랑한 학생들의 사자후였다

깊은 어둠이 몰려와도
그들은 빛을 잃지 않았네
조국을 위한 외침
청춘의 피로 새긴 역사였네

오늘 우리는 그날의 불꽃을 품고
자유의 깃발을 높이 든다
우리 손에 쥔 책은 희망이요
우리 가슴에 품은 뜻은 애국이다

과거의 외침은 멈추지 않고
오늘도 우리를 부르니
우리는 이어 가리라
그날의 길, 그날의 뜻

나라와 민족을 향한 마음으로
새로운 별을 그리며 걸어가자
학생독립운동의 정신은
우리 모두의 심장에서 살아간다

함께 꿈꾸는 자유의 날들
우리의 목소리가 새 역사를 쓰리라
사자후는 멈추지 않으리
그날처럼, 언제나

# 농부의 희망과 결실
-11.11. 농업인의 날

황금빛 물결 속에서 희망을 본다
한 톨 한 톨 땀의 결실이
따스한 밥상에 오를 때
그 정성은 나라의 주춧돌이 된다

땀방울로 맺힌 대지 위에
과일과 열매가 영근다
단물 같은 노력의 산물
그 맛이 농부의 웃음이 되어 퍼진다

한 고장 한 품종의 향기 속에서
농부의 혼이 스며든 특산물이 있다
그 정성은 땅끝까지 퍼져
고향의 자랑이자 자부심이 된다

씨를 심고 기다리고
기대와 인내로 새벽을 연다
농업은 땅에서 시작해
농부의 마음속 하늘로 이어진다

농업은 단순한 생업이 아니라
모두의 생명과 희망을 싹트게 하는
귀중한 근간임을
이 땅의 농부와 함께 느껴 보자

# 이 땅을 비추는 등불
−11.17. 순국선열의 날

찬란한 태양 아래 핏빛 땀 흘리며
한 줌의 땅도 빼앗기지 않으려
깊은 산 속 어두운 골짜기에서
무명으로 싸웠던 순국선열이여!

바람에 스치는 대[죽ㅑ]처럼 꺾이지 않고
바위에 부딪히는 물처럼 멈추지 않던
님의 정신은 지금도 우리의 심장 속에서
뜨겁게 타오릅니다

고통을 마다하지 않았던 그 길이
오늘의 자유를 꽃피우고
희생으로 지켜낸 이 산천이
우리의 미래를 꽃 피울 겁니다

순국선열이여! 영원히 빛나소서!
님의 이름 없는 별들이
오대양 육대주를 비추는 등불이 되어
우리를 끝없이 이끌 것입니다

## 소비자의 힘과 변화
-12.3. 소비자의 날

시장에는 두 개의 선線이 있지
공급과 수요의 곡선
두 곡선이 만나는 지점에서
가격이 결정된다네

우리는 가격 외에 또 다른 것을
희망하고 있지
가격표 너머 숨어 있는
품질과 안전 바로 그것이야

우린 단순한 구매자가 아니라네
작은 불만도 묵히지 말고
불공정 거래 부당한 대우
정당한 목소리로 세상에 알려야 하네

알 권리 선택의 자유
보호받을 권리는 당연한 거야
우리의 눈이 밝아질 때
공정한 시장이 비로소 열린다네

연대와 협력으로 세상을 바꾸어야 하네
소비자는 힘이고 변화의 시작
우리의 권리를 지키는 마음
더 나은 세상을 만드는 초석이라네

# 무역의 역군이 되어
-12.5. 무역의 날


초,중 단골 시험문제 수출10억불 100억불
돛을 올리고 바다를 건너는 꿈을 꾸고
수출목표 달성의 그 빛나는 첫걸음에
동참하는 상사 맨이 되어 본다

열 손가락 맞잡아 일궈낸 기적
무역 십 위 강국의 이름 새기며
한 땀 한 땀 쌓아 올린 수출 금자탑
우리의 의지는 결코 꺾이지 않으리

높은 지혜와 집단지성이 길을 밝히고
깊은 열정으로 바람을 맞이하며
균형 잡힌 발전의 돛을 펼치고
온 세상을 누비는 꿈을 노래하리라

수출의 길은 곧 평화와 번영의 길
희망과 신뢰로 이어진 다리 위에서
우리 모두 무역의 역군이 되어
역사를 쓰며 미래로 나아가리라

# 12월의 검은 그림자
－12.12. 12.12사태

한겨울의 냉기는
바람 속에 숨어들고,
검은 그림자가
하얀 달 빛을 지워버린다

그 날 밤,
강철의 군화 소리는
도심의 적막을 갈랐고,
정적 속에 불꽃이 일었네

권력의 장막 뒤,
흐르는 음모의 강물은
민중의 꿈을 짓밟고
냉혹한 현실만 남겼네

군복에 숨긴 야망
총구에 담긴 흑색 결의
12월의 차가운 공기는
냉혹한 결단을 내리게 했네

그 날 밤의 울림은
아직도 들려오네
역사의 싸늘한 경고,
자유를 향한 갈망이여

민중의 마음속에
새겨진 상처는 아물지 않아
12.12의 밤
그 어둠을 기억하리라

# 유쾌한 푸념
-12.25. 크리스마스

아무것도 모르고
다녔던 교회는
철부지의 놀이터

멋진 형아들과 누나들
그리고 갈 때 마다
듬뿍 주는 선물이 좋았었지

내 반쪽과 결혼 후
아이들이 어릴 때는
내가 바로 비밀요원 산타 할아버지

오늘 반쪽의 산타 놀이 중인 아이들
둥지에 부부만 남은 지금
나를 위한 산타는 있을까?

아니, 오늘도 내가 산타가 되어 보자
조금 일찍 퇴근하면서
통닭이랑 피자, 케익을 들고 가자

내 반쪽에게 사랑의 산타가 되어 보자
메리 크리스마스!

## 안전과 기술의 K-원자력
−12.27. 원자력 안전 및 진흥의 날

호롱불로 불 밝히던 때
아침이면 송진 그을음에
까매진 콧구멍을 파면서
자조 섞인 웃음을 지었었지

이 강산을 훤히 밝혀
대낮 같은 밤을 지내는 지금
그 뒤엔 원자력의 역사가
함께 있어 왔네

효용성도 커야 하지만
안전이 더욱 더 중요한 것
한국형 원자로는
안전성을 자랑한다고 하네

동일본 대지진의 참담함과
체르노빌의 황망함을 보자
안전제일!
매시간 외쳐도 부족하겠지

안전한 원자력의 발전은
인류를 풍요롭게 한다네
한국형 원자로를 더욱 발전시켜
세계로 나아가자

체코의 원자력 수주는
대한민국 기술력의 승리
누군가 자꾸 뒷다리를 잡아도
우리의 승리는 확실하네

안전과 기술력을 담보로
한국의 원자력은
대한민국 발전의 원동력이 될 거야
파이팅 코리아!

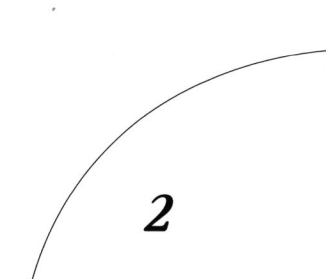

*2*

# 새 날의 감동
―양력 1.1. 신정

눈을 감고 기다려왔던 새 날이 다가온다
새 날이 오면 기대했던 행복도 오겠지
다시금 새롭게, 머물려는 구태는 없겠지
멋진 Life를 몸으로 느낄 수 있겠지

봄비 내리면 꽃들도 아우성 피어서
새 날에 다짐한 욕심도 같이 부푸는구나
비에 비치는 노을 바깥의 길에서
시작만 해도 꽤나 괜찮은 것이겠지

다가오는 새 날의 감동은
그 빈도는 점차 줄어들겠지만
감동의 크기나 부피는 갈수록 커져
내 가슴 속 도전지기와 동무가 되겠지

언제까지나 이 감동은 계속되겠지
끝까지

## 주전자와 지짐이
─음력 1.1. 설날

설빔 멋지게 차려 입고

차례에다 세배를 마친 후

진귀한 설음식으로 호사스러움을 맛 보는데


할머니께서 탁배기 주전자와

지짐이 소쿠리를 들려주며

심부름을 시기신다


친척과 이웃 집을 돌며

어른들께 탁배기 한잔과 지짐이 한 점을

대접하고 오라고 하시네


어릴 적이라 친구들과 놀고 싶고

추운데 다니기 싫었으니

대충 건너 뛰고 후다닥 다녀왔음이다


지금 생각하니

할머니는 소통의 대가였고

장손의 미래를 위한 포석이었다

그렇게 하기라도 했으니
친척어른들이 지금도 나를 기억하고
찾아주는 것이 아닐까?

나는 나의 후손들을 배려하기 위해
어떤 것을 준비해야 할까?
오늘날의 주전자와 지짐이는 무엇일까?

## 둥근 빛의 보살핌
-음력 1.15. 정월대보름

보름달이 둥근 빛을 비추어
나의 가장 어두운 밤을 밝혀줍니다
내 얼굴에 드리워진 그림자에
은혜로움을 상기시켜 줍니다

그 은빛 반짝임은
내 걱정을 흐리게 지워주며
그 빛의 힘은
무엇이 옳은지를 알려줍니다

그 빛은 주문을 걸어
모든 것이 잘 되도록 보살펴 줍니다
따뜻한 빛은 내 마음에 평화를 가져오고,
나는 그 은빛 온기에 고마울 뿐입니다

하늘에 있는 포근한 여인
보름달은 결코 죽지 않을 것입니다
그 빛으로 어둠을 밝혀가며
밤을 이은 밤에 영원할 것입니다

# 행복한 여정
−2024. 2. 18. 큰딸 혼인

태양 볕이 뜨거운 계절에 태어나
하늘에 찬란한 별 빛을 그려낸 나의 딸아
너의 작은 발자국이 큰 꿈을 따라
이제 새로운 시작의 문 앞에 서 있구나

눈부신 결혼의 날
하얀 드레스가 너를 더욱 빛나게 하고
아름다운 꽃들마저 축복을 전하니
가득한 행복이 너를 감싸네

부모의 마음은 감동의 눈물로 가득
어릴 적 따스한 손을 떠올려
이제는 너의 손을 다른 이에게 건네며
새로운 가족의 시작을 축하한다

앞날의 여정이 항상 밝고 행복하길,
가는 길에는 어둠이 있을지 몰라도
서로를 이해하고 지지하는 사랑으로 함께 한다면
환한 불빛이 비추어 질 것이야

딸아, 너의 미소가 영원히 뜨거워서
함께 걷는 인생, 여정이 행복으로 가득하길
부모의 사랑을 듬뿍 담아 기원하마
새로운 가정에 축복이 있기를

그리고
사랑한다

# 넌픽션 연극은 계속된다
—3.1. 삼일절

1막

어린아이가 보챈다

급기야 울음을 터트린다

할머니의 한마디에 뚝 그친다

무서운 것은 마마 호환이 아니다

"뚝! 순사 온다."


2막

학생들이 기차 통학을 한다

조선 학생들이 먼저 앉아 있는데

일본 학생들이 자리 양보를 강요한다

조선 학생들이 일어서며 입김을 불며 하는 말

"쓰미마셍"

일본 학생들 기겁을 하며 자리를 비킨다

조선 학생들은 미리 생마늘을 씹고 있었던 것이다


3막

조선인들의 모임이 열린다

정사복 차림의 일본 순사들이 군중을 감시하느라

독사 같은 눈알을 부라리고 있다

월남越南*의 말에 여기저기 웃음이 터져 나온다

"오는 길에 보니 개나리가 만발했던데
허허 이 곳 강당에도 개나리*가 만발했구료!"


4막
순사가 말을 타고 마을로 들어온다
품위 있게 보이는 노인에게 뭐라고 하다가
말에서 끌어내려져 뭇매를 맞는다
일제치하에 공무원을 하는 노인이지만
말을 타고 말을 전하는 안하무인격의
일본 순사를 두고 보지 못한 것이다


5막
이제 우리가 대본을 쓰고 배우가 된다
민중들과 호흡하며 만들어야 나가야 한다
두렵고 두렵던 순사의 그늘에서 벗어나
밝은 미래를 만들어 나가야 한다


*월남 : 이상재 선생의 호
*개나리 : 일제시대에 일본 순사를 지칭했던 은어

# 뻥이요
-4.1. 만우절

새까만 거짓말, 새빨간 거짓말,
새하얀 거짓말의 거짓말 3종 세트

만우절은
투명한 무색의 거짓말
3종 세트+1의 보너스가 있는 날

무색 거짓말 원조는
"뻥이요!"를 외치는 뻥튀기 아저씨
아이들을 꾀어 앉게 하고
이야기를 뻥 튀겨 버린다

갑자기 아저씨는 "뻥이요!"
자신이 거짓말을 했음을 실토하고
맛있게 뻥 튀긴 먹거리를
조금씩 나누어 준다

누구나 알 수 있는 무색 투명한
거짓말이었지만
그래도 미안함을 느껴서 그랬겠지!

아이들의 얼굴에는
쌀 튀밥, 강냉이 튀밥이 양손에 꽉 찬 만큼
행복한 미소가 가득하다

아이들에게는
시장에 가는 날이 만우절이었다

# 양식良識을 심자
―4.5. 식목일

봄이다
형형색색 꽃이 앞 다투어 피어나듯
산행의 목적도 각양각색이네
꽃구경, 사람구경, 산사탐방, 약초 캐기


"메아리가 살게시리 나무를 심자."


누구나 들어보고 불러봤을
식목일 노래의 이 소절처럼
누군가는 나무를 심겠지?


산 정상에서 야호를 외치며
메아리를 찾는 사람은 드문데
불을 찾는 사람은 어찌 그리 많은 지
뜻하지 않은 산불이 천지다


수 십 년에 걸쳐 수 백만 명이
가꾸어 놓은 금수강산은
작은 불씨로 하루 만에
잿더미로 바뀌어 버리네

이재민이 수 백, 수 천이고
복구에도 수많은 시간이
필요하니

불을 피우기 보다는
산과 들에 나무를 심고
내 마음에는 산야山野에 대한
양식良識을 심어보자

# 엄마의 송구영신
—4.6. 한식寒食*

어둠의 동지冬至로부터 105일째 되는 날
이 따스한 계절에
울 엄마는 뜨거운 아궁이로부터
하루 동안 해방이 된다

남자들은 조상 성묘하러 산으로 가고,
아이들은 물을 긷고 나무를 할 필요가 없으니
산으로 들로 뛰쳐나간다

엄마는 1년 내내 아궁이 불이 꺼질까
마음 졸이며 지냈는데
이 날만은 꺼뜨려 버리고 편히 쉰다

불을 떼지 않아도 될 따뜻한 날에
이런 의례를 지냈으리라
구화舊火의 소멸, 신화新火의 점화
진정한 송구영신은 바로 이 개화改火인 것이다

이 개화改火, 송구영신의 의미는,
1년 내내 살림을 살고 불을 관장해온
울 엄마, 심성心星*에게

지난 한 해에 대한 감사와

새로운 한 해에 대한 부탁의 뜻이었으리라

*한식 : 동지로부터 105일째 되는 날. 양력으로는 4월 5일
무렵이다. 설날, 단오, 추석과 함께 4대 명절의 하나이다.
일정 기간 불의 사용을 금하며 찬 음식을 먹는 고대
중국의 풍습에서 시작되었다. 그래서 금연일禁煙日, 숙식熟食,
냉절冷節이라고도 한다. 한식은 음력을 기준으로 한
명절이 아니다. 따라서 한식은 음력 2월에 있을 수도 있고,
음력 3월에 있을 수도 있다. (출전 ; 나무위키)
*심성 : 천문, 이십팔수의 다섯째 별자리에 있는 별늘.
 불을 관장함

# 배려와 감사
−5.1. 노동절

노동자, 근로자, 종업원
일하는 사람이 변하지 않는데
호칭이 뭐 그리 중요한가?

고용주는 자본을 투자하여
이익을 남기고
피고용자는 능력을 제공하고
재화와 용역을 생산하며
대가로 임금을 받는다

단순한 공생관계
계획, 조직, 지휘, 조정, 통제
이 경영의 과정에
상호간 배려와 감사의 마음을 더한다면
어떠할까?

먹고 사는 현장에서
왜 관계없는 구호와 요구가 난무하지?

갑은 갑질을 갑답게 잘하면
그것이 배려이고,

을은 을질을 성실하게 잘하면
그것이 감사의 마음이다

그래야 이름이 뭐든지 간에
좋은 세상을 함께 하지 않겠는가?

# 사랑의 선물
– 5.5. 어린이 날

어리석은 자에서 어린이로의 변신
그래서 희망과 꿈이 생기기 시작했어요
일제강점기, 어른들도 힘든 시기에
어린이날을 만들어 주셨네요

낮은 신분의 어리석은 자들에게
소파선생님이 예쁜 꿈을 담아
자유의 종소리처럼
희망이 가득한 날을 만들어 주셨지요

옛날의 별처럼 비추셨던 그 말씀
"모두가 행복한 세상을 꿈꾸자"
인격적 예우와 노동의 금지
배움과 놀이의 기회와 시설

어린이들은 그 별빛을 따라
자유롭게 노래를 부르네
선생님의 손길로 만든 꿈을 맛보며
행복한 세상을 만들어가요

자유와 사랑의 따스한 바람을 타고
우리가 그린 희망의 그림들이 완성되고
방정환 선생님의 가르침 안에서
우리의 꿈은 날아오릅니다

어린이 날, 그날의 빛나는 기억
선생님이 주신 사랑의 선물
우리 모두가 함께 나누며
미래를 향해 걸어갑니다

# 가슴에 기리는 사랑의 날
−5.8. 어버이의 날

하늘의 별이 수 없이 뜨고 지고
세월이 하릴없어 흘러가고 있지만
당신들의 사랑은 변함이 없습니다

하늘이 너무나도 일찍 당신을
데려간 그날 세상은 멈춰버렸답니다
저에게 생명을 주신 한없이 큰 님의
빈 자리가 휑하기만 하지만
그 사랑의 흔적은 여전히 변함없이
내 마음속에 살아있어
그래도 다행이라고 생각됩니다

오늘, 어버이 날을 맞이하여
그리운 당신을 생각하며
조용히 기도합니다
하늘 그 곳에서 평안하길 바라며
항상 자애의 미소를 띄고
처절하고 치열하게 살고 있는
이 사람을 보살펴 주시기를
바랍니다

아버지 내 아버지
당신은 여전히 강한 사랑을 담아
우리에게 힘을 주고 계십니다

매일 매일의 삶 속에서
당신의 강인함과 인내를 배우며
가슴 깊이 감사드리고 있습니다

비록 눈이 어두워지고
귀가 잘 들리지 않아 어려움이 있더라도
기억이 지워지고 말이 어눌해 지더라도
당신은 변함없이 이 사람을 보호해 주시고
옆에만 계셔도 든든한 강철 벽이십니다

세상에서의 마지막 순간까지도
이 사람은 당신들을 사랑하고 그리워하며
당신들의 마음을 이어가는 그런 자식이자
내 자식들의 어버이가 될 것을 가슴에 기리며
이 날을 맞이합니다

어버이 날
내 마음속에서 두 분의 사랑은
언제나 함께하며
저를 감싸주고 있음을 느끼며
이 시를 당신들께 바칩니다

사랑했고 사랑하고 사랑할 것입니다

## 사랑의 격려
― 5. 15. 스승의 날

코 수건 매달고 교정에 서던 날
엄마 대신 앞에 서 계신 선생님
엄마가 높고 푸른 하늘이면
선생님은 넓고 푸른 바다

아직 다 자라지 못해
엄마 보고파서 울기도 하고
대소변을 잘 가리지도 못하고
연필도 제대로 깎지 못한 못난이

그래도 선생님의 말씀에
토끼처럼 귀가 쫑긋쫑긋
선생님의 옛날 이야기는
할머니의 이야기와 조금은 달라

선생님의 지식의 보고
하얀 분필은 쉴 새 없이
칠판을 채우고
내 손은 필기에 여념 없네

그 이야기와 분필의 흔적이
가르침이 되어
오늘날 동량으로 성장하였으니
특별한 감사의 말씀을 드립니다

영원히 잊지 못할 그 말들
"너는 할 수 있어, 믿어."
선생님, 오늘은 당신을 위해
감사의 마음을 전합니다

당신의 격려 한 마디가
수많은 꿈을 키워주었으니
이 길을 걸으며
그 사랑을 기억하겠습니다

선생님
감사합니다
사랑합니다

# 내 생일이 다가오면
−음력 5. 3. 내 생일

해마다 내 생일이 다가오면 생각나는 태몽

헐벗음과 굶주림은 당신 代에서 끝내고
자식의 입신양명과 호의호식을 갈망하였던
진 종일 펴지 못한 엄마의 허리에서 창조되었던 태몽

해마다 내 생일이 다가오면 생각나는 태몽

엄마가 만든 높고 높은 돈 산
그 위에 직접 꽂으신 깃발

'휴! 이만하면 되겠지!'

어머니의 태몽으로 탈 없이 살고 있는 나는
엄마의 젊은 시절의 꿈이런가?

해마다 내 생일이 다가오면 생각나는
울 어머니 사랑합니다
그리고 무척이나 그립습니다

# 자유와 평화를 위한 희생
-6.6. 현충일


총성은 멈췄지만, 심금은 아직도 울려
그 날의 젊은이들은 한 번 더 눈을 감는다
흙 속에 묻힌 희생은 잊히지 않고
우리가 걸어가는 이 역사 위에 각인된다

젊은이들이 희생한 거룩한 흔적은
우리 강산 이곳 저곳에 기록되어 있다
구멍 난 철모, 진흙이 가득 찬 군화
아군의 긴급지원을 갈망했던 전화선들

임진강의 물결 위에 꿈을 꾸던 그들은
전쟁의 불길 속에서 새벽을 맞았다
북한산 자락 아래 숨졌던 형제의 목소리
낙동강 저 편에 묻힌 어깨동무의 웃음소리

이제 우리들은 자유와 평화를 입에 담고
그들이 꿈꾸던 나라를 노래한다
잊지 않으리라, 형제의 외침을
잊지 않으리라, 친구의 피와 땀을

오늘, 태극기는 더 높이 자랑스럽고
한 송이 국화꽃이 그들의 이름을 부른다
평화스러운 자유를 위해 스러져간 그대들
이 나라의 뜨거운 심장 속에 살아 있다

# 단오*와 신념
-음력 5.5. 단오


샴푸 향에 밀려난 창포 향
그로 인해 퇴색한 단오는
나의 강한 신념을 갈망한다


더럽혀진 머리카락은 창포에 새로 빨고
내 옷에 묻은 나쁜 기운은
그네를 뛰어 허공에 날리자


그래도 남은 회한은
씨름으로 힘껏 패 대기 쳐서
떼어보자


조금씩 새로 채운 영광은
단오를 통한
나의 재탄생을 축복하리


나에게 남은 것은
재력도 명예도 아닌
지조와 절개 바로 그 신념인 것이다


*단오 : 우리나라의 명절 중 하나로, 매년 음력 5월 5일이며,
양력으로는 대체로 6월에 든다. 순우리말로는 수릿날이라고도 하며,
이외에도 천중절天中節·천중가절天中佳節·중오절重午節·오월절五月節·
단양端陽·추천절鞦韆節 등의 다양한 이름으로 불린다. (출전 ; 나무위키)

## 초복과 같잖은 식재료
-7.15. 초복

인삼, 대추, 황기 그리고
시골 닭, 백봉오골계
오늘 하루의 이슈가 된다
삼계탕이란 이름으로
엑기스를 토해 하나가 되는 것이다

그리고 사람들은
그 삼계탕으로 힘을 내고 살아간다
마치 세상의 모든 것이
제 것이 된 것 마냥 의기양양
건강을 자신하며 달린다

아파트, 땅, 자동차
명예, 지위, 학식은
언제나 이슈가 된다
이것들에서 우려 나오는
엑기스는 어떤 것일까?

재산과 명예를 재료로 하여
인생이란 음식을 만들어야 하는데
스스로의 엑기스를 짜내어
같잖은 것의 식재료가 된다

경이로운 세상이다

# 법본을 바로 세운 날
-7.17. 제헌절

대한민국의 법본法本을 바로 세운 날
어렵고도 힘든 일이었지만
아직도 현재 진행형의 이야기
민주주의의 꿈을 향한 걸음은 계속된다

실체 없는 광장에서의 소리 없는 외침
평화와 정의, 그것은 우리의 꿈이다
모두가 평등한 세상, 그 꿈을 지키기 위해
우리 함께 일어서 버텨 나가자

오늘을 미래를 위한 후손을 위한
소중하고도 위대한 날로 기억하자
민주주의의 불길은 영원히 타오를 것이니
그 빛 아래 우리 함께 걸어가자

# 뜨거운 사랑 노래
−음력 7.7. 칠월 칠석

칠월의 무더운 날
세상은 여름의 포옹에 잠겨 있다
햇빛 아래 물결치는 뜨거운 공기
그 속에서도 칠석의 전설은 빛난다

은하수를 가로질러
젊은 연인들의 사랑이 흐른다
한 해 중 그 단 하루
우주를 가르는 그 사랑의 깊이에 마음은 젖어

은하수 너머의 약속
뜨거운 여름도 냉각시키는 그 들의 사랑
칠월 칠석, 그 순간에
세상은 잠시 뜨거움을 잊고 사랑에 빠진다

무더운 여름의 고요한 달빛 아래
핑크색 그림자 두개
은하수의 별빛은 팔짱을 끼고
우주를 건너는 사랑의 노래를 듣고 있다

하늘의 별과 땅의 사람
그들의 속삭임만이 세상을 시원하게 한다
뜨거운 여름, 바람에 실린 땀방울과 함께
그들의 사랑은 끊임없네

# 삼천리의 눈물 이야기
−8.15. 광복절

태극기가 휘날리며
한반도의 자유를 불러왔네
길고 긴 밤 칠흑 같은 어둠 속에서
빛으로 이끈 우리의 노래

흩어진 백두천지의 눈물은
남산의 바람을 타고
한라의 백록으로 고였네
조국의 아픔은 지금도 여기에

삼천리의 눈물로 적은 이야기
지금도 거리마다 새겨진 그 날의 흔적
광복의 메아리, 우리의 숨결, 불굴의 정신
영원할 그 기억들은 꿈의 설렘일 것이다

## 한가위 달빛과 가을향기
−음력 8. 15. 한가위

한가위 홍시 색의 월광과
우뚝 선 도시의 건물들
길게 늘어선 빌딩의 그림자가
가을의 향기와 함께 춤을 추네

구름이 달을 가리니
도시의 그림자 속에 숨는 달그림자
가을향기는 그렇게 잠시 내 곁에
멈추어 쉬어 간다

고향의 추억 송편의 달콤함
할머니의 자애로운 손길과 목소리
소를 먹이는 아이의 노래와 청춘의 꿈은
한가위의 달빛을 타고 추억되네

가을의 바람이 속삭이는 이 밤
한가위는 또 다시 오겠지만
이 순간만큼은 영원히 가슴에 남는다
가슴 속 한켠의 소원을 달님께 빌어 보자

# 헌신과 희생
-10.1. 국군의 날

바람이 불어와 태극기를 흔드는 날
이 땅의 수호자 국군의 품에 안겨보자
빛나는 별처럼 눈부신 햇살처럼
그들의 헌신은 삶이요 생명이다

산하를 지키기 위해 흘린 피땀들
그 모든 순간들이 우리의 평화를 지켜내었네
무거운 군장, 힘겨운 전장에서도
조국의 위해 몸과 마음을 바친 충성

무슨 말로 그 온전한 희생을 표현할까?
단순한 감사로는 턱없이 부족하겠지
이 땅 위에서 그들과 함께 숨 쉴 때
평화와 안도의 숨결을 그들 품 안에서 느낀다

국군의 날을 기억하자
그들이 존재함에 오늘이 있음을
영원히 잊지 말자! 그들의 눈물과 땀을
우리의 영웅 국군을 기리며….

## 여전한 우리의 하늘
−10.3. 개천절

하늘이 열린 날 여전한 우리의 하늘
저 멀리 지나간 어려움을 잊고
풍요롭고 행복한 세상을 건설한
대한의 하늘은 눈이 시리게도 푸르다

할머니의 이야기처럼
우리의 기억에 깊게 새겨진
환웅의 배려, 곰의 희생과 인내가
우리를 이 자리에 있게 하였으리라

곰이 쑥과 마늘의 맛을 이기고
단군을 잉태한 고대의 전설 속 운명처럼
주변 민족의 시기, 질투, 침략의
고난과 역경을 이겨온 우리 민족

자유와 평화로운 하늘을 보존하기 위해
우리의 역사를 기억하고
널리 인간을 이롭게 해야 하는
우리의 사명을 가슴 깊이 새겨 나가자

# 평화의 이름 아래
—10.24. 국제연합일

전쟁의 어둠이 깃든 하늘 아래
부서진 꿈과 무너진 가정들 사이로
희망은 흐릿한 별처럼 빛을 잃었네

그러나 세계의 목소리 하나 되어
평화의 깃발, 푸른 하늘 아래 펄럭이니
그 이름은 국제연합이라

갈라진 땅에 모인 이방의 손길
낯선 언어와 피부의 차이에도
그들의 심장은 한 목소리로 외쳤다
"우리는 평화를 지키러 왔다."

강철 비가 쏟아지는 비참함 속에서도
그들의 의지는 흔들림 없었으니
서로 다른 땅에서 온 발걸음이
한반도의 흙을 적시며 희생을 새겼다

세계가 품은 약속
고통의 역사가 반복되지 않을
평화의 씨앗을 심고자

그들은 멀리서도 달려왔네

오늘날 우리가 마주한 푸른 하늘
그들의 용기와 헌신으로 빛난 것이라
전쟁을 넘어선 그날의 연합은
단지 군대가 아닌, 희망의 이름이었어라

그날의 희생은 잊히지 않으리라
세계가 함께한 연대의 증거로
국제연합군의 발자취는
오늘의 자유와 내일의 평화를 빛내리라

# 또 다른 30년 인생의 시작
- 11. 22. 결혼기념일

어느 날 신이 말했다
"너희들은 부모님의 반쪽을 물려받아
세상을 살아가거라"

최선을 다해 부모의 슬하에서
배우고 익히고 세상 삶의 지혜를
가슴에 담아온 XY와 XX

어느 날 신이 다시 말했다
"XY는 XX, XX는 XY를 만나
온전한 하나가 되거라."

말씀대로 하나가 되어
2X'X'를 키워 온 보람 있었던
30년의 긴 성상

XX, XY로 태어남이 30년 시작의 인생이요
XX+XY로 합침이 또 다른 30년 인생의 시작이요
2X'X'의 장성이 30년 인생의 끝입니다

신이시여!
이제야 저희는 겨우 청년이 되었으니
또다른 30년 인생의 시작을 주소서

아프지 않고 굶지 않고
비겁하지 않고 민폐 끼치지 않고
소소한 일생을 누리게 해주소서

더 이상 세월을 감당할 수 없을 때
서로의 눈동자에서 추억을 느끼며
같은 말을 할 수 있도록 해 주소서

"같이해서 행복했었어요, 가서 봅시다."

## 3일의 축복과 그리움
-음력 11.9~11.11. 3연속 생일

음력 11월의 달빛은 차갑지만
우리 집엔 삼 일의 축복이 있다네
어머니, 아버지, 아내의 연속된 생일
기쁘고 기쁜 축제의 장이라네

첫날은 어머니의 날
아버지보다 앞서 환영받지 못했기에
그분의 손길은 이제 슬픈 바람이 되었지만
여전히 우리 마음속 따뜻한 햇살로 비친다네

둘째 날은 아버지의 날
그분의 강인함은 우리 기둥이었지
여전히 따뜻한 미소로
자식들의 가슴속 깊이 평온함을 주신다네

셋째 날은 사랑하는 아내의 날
그녀의 존재는 평화의 기둥
그녀의 웃음은 가족의 꽃
고운 손길은 우리를 하나로 묶는 끈이라네

삼 일의 축복 속엔 기쁨도 있고
잃어버린 것들에 대한 그리움도 있다네
어머니를 그리워하며 아버지와 함께 나눈 시간
그리고 오늘을 만들어 낸 아내의 사랑

축하와 감사로 가득한 이 연속된 날들
하늘과 땅의 사랑이 어우러져
우리 가족의 역사를 새기네
그 기쁨과 그리움은 곧 삶의 선물이라네

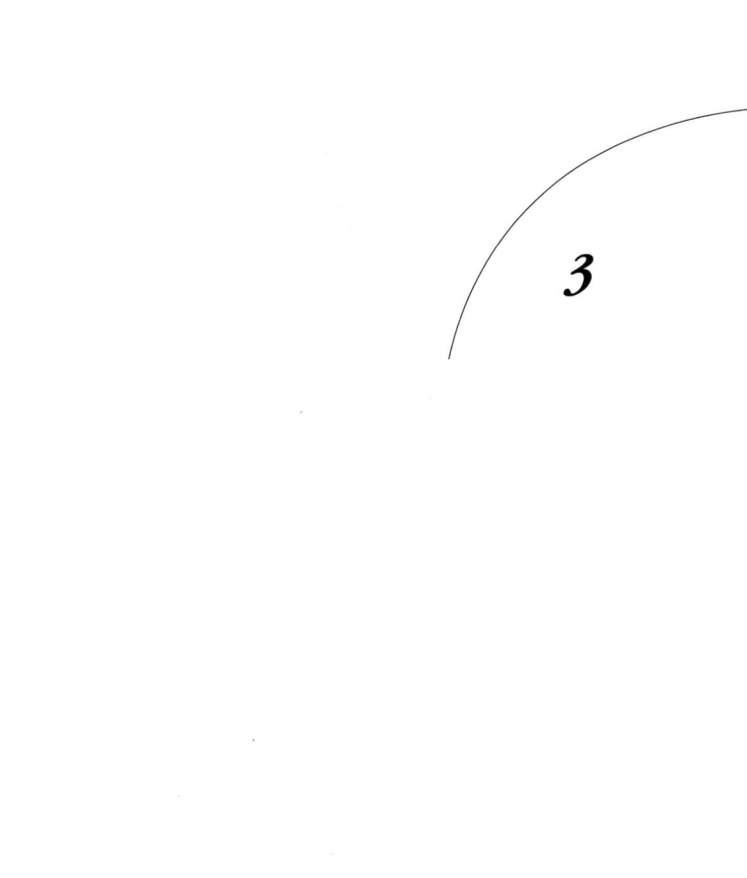

*3*

# 새벽 여명
−첫번째 절기, 입춘立春

사계가 시작되는 입춘이라
냉이, 달래 캐는 아낙네들 얼굴에
봄빛이 핑크색이 되어 묻어나니
남도에서 시작되는 봄소식이 반갑다

마음이 꽁꽁 언 사람들이
아직도 많은 탓인가?
봄을 시샘하는 입춘의 폭설은
매운 맛으로 오감을 자극한다

입춘 추위에 김칫독 얼어 터질라
온 세상이 꽁꽁 싸매어 숨어드니
텅 빈 거리에는 길 잃은 짐승들 만이
하이에나처럼 어슬렁거린다

그래도 새벽 여명이 비추니
사람들은 스스로의 의지로
헤드라이트를 켜고 삶의 터전으로
희망을 품고 달려간다

입춘이다

입춘은 희망이요 희망은 꿈일 것이다

내 꿈은 반드시 달성해야만 하는

밝은 날, 바로 그것이다


*입춘 : 24절기의 첫 번째로, 봄의 시작으로 본다. 사주적으로는
'인월'이라고 한다. 태양의 황경이 315°에 드는 때이며
양력으로 대개 2월 3일~2월 4일이다. 과거에는 2월 5일인
경우도 있었다. 명리학의 다수설에서는 새로운 띠가 입춘이
절입 시각부터 시작한다고 여긴다. (출전 ; 나무위키)

## 얼음이 물이 되듯이
−두 번째 절기, 우수雨水

낙엽이 우수수 떨어지고
겨울이 찾아오면
시린 서릿발이 내 뺨을 자극하고
무거운 눈발은 어깨를 짓누른다

지치고 힘든 발걸음으로
냉엄한 겨울왕국을 뒤로 하고
훈풍이 불어올까
앞선 사람을 따르는 사람들

성급하게 봄을 기다리는
우수에 가득 찬 눈동자에는
아직도 멀기만 한 봄의 소식이
신기루처럼 비추어진다

이래저래 좋은 소식 하나 없는
이 시절에
그래도 지독한 추위가 물러갈
희망이 있으니

우수雨水 뒤에 얼음같이

서서히 녹아 물이 되듯이

힘든 삶의 여정도 마무리 되어

찬란한 봄이 오겠지


*우수 : 24절기 중 하나에 속하는 절기로 입춘 15일 후인
매년 2월 19일을 기준으로 하고 있다. 영어로는 Rain Water.
우수라는 뜻은 빗물이라는 뜻으로 겨울철 추위가 풀려가고 눈,
얼음, 서리가 녹아 빗물이 되고 초목의 생기가 겹쳐 쏘리지며
봄이 오는 것을 알리는 절기이며 입춘과 함께 겨울의 마무리와
봄의 시작을 알리는 절기이기도 하다. (출전 ; 나무위키)

## 찌든 때를 벗겨내고
−세 번째 절기, 경칩驚蟄

겨울잠에서 깨어난 개골선생
기지개로 봄을 맞으니
개나리, 벗 나무 봄꽃들이
꽃망울을 터트리네

시골의 처가는
논밭을 갈아엎고
씨 뿌릴 준비에 분주하니

도시남 사위는
겨울 찌든 때를 벗겨내고
불어난 체중을 줄여보자

꽃이 피고 때를 빼니
들판마다 냉이 달래 머리 들고
식탁마다 봄기운이 넘쳐나네

내일이면 기다리던
완전한 봄이겠지

*경칩 : 24절기 중에서 세 번째 절기이다. 태양의 황경黃經이 345도에 이르는 때로, 동지 이후 74일째 되는 날이다. 영어로는 Awakening of insects. 중부지방 기준으로 초봄의 시작 기준이 되는 절기로 알려져 있다. 물론 한기는 여전히 남아 있으며, 겨울이 물러가 완연한 봄에 진입하기 위해서는 최소 춘분은 지나야 한다.
(출전 ; 나무위키)

## 님은 언제 올까
－네 번째 절기, 춘분<sup>春分</sup>

낮과 밤의 길이가 같아
계절의 흐름이 시작되는 날
긴치마, 머리카락 펄럭거리니
봄바람에 춘심이 발동을 한다

진달래, 개나리와 더불어
막 꽃을 피어 내는 벚나무의 청취에 취해
달빛 가득한 밤 쑥 향 물씬한 들판에 앉아
님도 없이 차가운 술잔을 들어 본다

저 휘영청 뜨거운 달에
내 님 얼굴 비칠까 옆 눈길로 쳐다보니
달님의 얼굴만 내 술잔에 비치고
나는 그림자와 함께 술친구가 되었네

님은 언제나 올까?
벚꽃 잎 떨어져 술잔에 가득할 때를 기다려
뜨겁지만 외로운 기다림의 잔을
내려놓을까 싶다

*춘분(vernal equinox) : 북반구에서 24절기의 하나로,
3월의 절기이다. 태양 황경이 0°가 되는 때를 말한다.
낮과 밤의 길이가 같은 날로, 이 날 이후부터 하루 중 낮의
길이가 밤의 길이보다 길어진다. (출전 ; 위키백과 한국어)

# 새로 시작하는 의미
−다섯 번째 절기, 청명淸明


맑고 밝은 하늘이 세상을 감싸고

깨끗한 공기가 내 몸을 씻어내는 날

미세먼지에 지겨운 마음을 달래려

밖으로 나가 촌 풍경을 눈에 담아본다


길 양쪽으로 이어진 밭과 논에는

농민들이 봄 밭갈이를 위해 가래질을 하고

손이 없는 날이라 부지런한 사람들은

산소를 돌보고 집을 고치기도 한다


난 무엇을 시작해볼까?

청명주를 담가 이웃과 함께 해보자

새로 시작하는 의미가 있겠지

하지만 없어도 그만이다


*청명 : 24절기 중 하나이자 다섯 번째 절기에 속하며,
봄철에 존재하는 절기이다. 매년 4월 4일에서 5일 사이가 된다.
영어로는 Pure Brightness. 청명이란 하늘이 차츰 맑아진다는
뜻을 지닌 말이다. 태양의 황경黃經이 15도에 있을 때이다.
이날은 한식寒食 하루 전날이거나 같은 날일 수 있으며,
춘분春分과 곡우穀雨 사이에 있다. (출전 ; 나무위키)

# 기상예보관
―여섯 번째 절기, 곡우穀雨

에헤 에헤루 상사뒤여
허나허나 하나 둘이로다


맛 갈 나는 노동요가 들판에 묻어 난다
못자리를 마련하고
모내기를 하는 우리네 어른들


곡우 비는 농사가 잘 된다는 포천
비가 오면 농사가 안된다는 순창
날씨점을 통한 풍년기원의 소박한 마음이다


때로는 비가 오면 좋고
어떤 때는 햇빛이 그득 하면 좋으니
결국은 내 마음속에 비가 내리고
햇살이 비추이는 것이다


그래
나는 기상예보관이다
매일매일 알맞은 날씨예보로
풍요로운 인생을 가꾸어 보자

*곡우 : 24절기 중 하나이자 6번째 절기에 속하며 봄철에 존재하는 마지막 절기이다. 매년 4월 20일을 기준으로 하며 청명 다음으로 15일 이후에 나오게 된다. 봄비가 내려서 백곡을 기름지게 한다는 의미를 가졌다. 점성술로는 황소자리의 시작점이기도 하다. (출전 ; 나무위키)

# 여름, 추억 그리고 미래
―일곱 번째 절기, 입하立夏

저 예쁘다 자랑하던 봄꽃이 지고
기다렸다 듯 다가 온 여름의 그림자
해가 뜨면 온갖 나비가 날아들고
해가 지니 반딧불이가 어둠을 밝혀준다

산과 들에는 으아리꽃이 피어나고
으름꽃 향기가 코를 간질이는데
온 동네가 송홧가루로 덮여 갈 즈음
아이들은 산으로 들로 뛰어 논다

연인들은 장래를 약속하며
이리저리 결혼 준비에 분주하고
아이들은 토끼풀 꽃 꺾어
꽃 반지 끼워주며 연인놀이에 열중이다

저 멀리 뻐꾸기 울음소리에
내 어릴 적 아련한 추억과
내 아이 어릴 적 추억이
선명하게 떠오른다

흰머리에 신경 쓰는 내 자신과

나름의 인생을 개척해가는 아이들의

추억은 과거일 뿐이니

내 3세와의 미래를 기대해볼까 싶다


*입하 : 곡우穀雨와 소만小滿 사이에 들며, 이때부터 여름이 시작된다. 그러나 아직 봄 기운이 많이 있다. 음력 4월에 해당하며, 양력 5월 5일경으로 태양의 황경이 45°에 놓인다. 농작물이 자라기 시작하니 몹시 바빠지는 때이다. (출진 , 나무위키)

# 작은 만족과 큰 욕심
—여덟 번째 절기, 소만小滿

여름이 시작되나 싶어
반팔셔츠를 입었는데
소만 바람에 설늙은이
얼어 죽듯이
역시나 차고 쌀쌀하네

모처럼 도심을 떠나
산으로 가는 길
모내기를 시작하는
농부의 분주한 모습이
동공에 비추인다

산에는 뻐꾸기, 부엉이
배가 고파 울어대니
사람들도 이것저것
닥치는 대로 먹어 되던
보릿고개 시절이고

보리가 고개 숙여
누렇게 익어가고
대나무도 생명의 기운을

죽순에 물려주고

푸른빛을 잃어가는

희생의 계절이다


보리와 죽순만으로도

좋아라 소만小滿했던 조상님 네들

넘쳐나는 세상에

더 가지기 위해

이 큰 욕심의 시대를 살아야 하는

우리는 무엇을 느껴야 할까?


*소만 : 24 절기의 하나로, 입하立夏와 망종芒種 사이에 든다.
음력 4월에 해당하며, 양력5월 21~22일경이었으나, 현재는
5월 22일 소만은 없고 2016에 5월 20일 소만이 등장했다.
태양의 황경이 60°에 있을 때이다. 이 날로부터 쌍둥이자리가
시작된다. 소만은 점차 햇볕이 풍부하고 만물이 점차 생장하여
가득 찬다[滿]는 의미가 있다. (출전 ; 나무위키)

## 사랑 놀음
―아홉 번째 절기, 망종芒種


깔딱깔딱 힘들었던 보릿고개
배고픔은 참아도
사랑의 굶주림은 참지 못했던가?


발등에 오줌 싸던 농번기
훌쩍 커버린 보리 숲 속에 숨어
사랑의 놀음을 한다


보리 그을음에 새까매진
손과 얼굴은 굵은 빗줄기가
씻겨 내려 주는데
시련과 사랑에 지친 내 마음은
누가 어루만져 줄까?


밤이 되니 반딧불이 이리 저리
사랑의 깊이가 더해가니
모르스 불빛으로 내 맘을 전해볼까!


*망종 : 24절기 중 하나로, 벼나 보리 등 수염이 있는
곡식의 씨앗을 뿌리기에 좋은 때라는 뜻이다. 태양 황경이
75도가 되는 때이다. (출전 ; 나무위키)

## 인생의 절정
−열 번째 절기, 하지夏至

싹이 피고 푸른빛이 감도는
좋은 시절 다 보내고
해가 중천에 걸렸으니
웬 종일 뜨거운 날이다

오늘이 지나면 더 뜨겁겠지
세상 풍파에 흔들리고 지친
내 눈물이 장마를 부르고
강물을 이룰 것이다

나는 강물을 유랑하는 나무판자
언젠가는 모래톱을 베게 삼고
붉은 석양을 비단 이불 삼아
추억에 잠기겠지

입춘, 춘분이 지나고
4계절의 정점 하지가 왔네
아직은 추분과 동지가 한참이니
남은 인생 즐겁게 살아보자

*하지 : 24절기 중 하나이며, 태양 황경이 90도가 되는 때이다.
양력으로는 6월 21일경인데, 북반구에서는 이 시기에 낮의 길이가
가장 길고 밤이 가장 짧다. 북반구의 땅표면은 태양으로부터
가장 많은 열을 받아 하지가 지나면서 몹시 더워지고, 장마가
시작된다. (출전 ; 위키백과 한국어)

# 꿈을 키우는 아이들
―열한 번째 절기, 소서 小暑

아! 여름이다.

한참 미운 나이의 아이들은
파도가 있는 바닷가로 달려가
옷가지를 급하게 벗어
모래밭에 묻어 놓고
차가운 바닷물에 뛰어 든다

이리저리 물속을 노닐며
때로는 잠수하여
친구들을 짓궂게 놀래며 놀았고
어둑어둑 집에 돌아갈 즈음
조막손에 산호가 들려 있는
녀석들의 얼굴엔 꿈이 그려진다

앗! 큰일이다.
들 물과 날 물에 의해
옷가지 묻힌 곳을 찾을 수 없었는데
집에 가자마자
팬티만 입은 이유를 설명해야 했고
엄마 손바닥의 매움을 실감한다

곯아떨어진 이 얄미운 놈들은

엄마 손바닥의 무서움 때문인지

아니면 피곤에 지쳐서인지

이부자리에 낮에 놀면서 마신

소금물만큼의 물을 쏟아낸다


꿈에 물을 주며 키우는 중이었다


*소서 : 24절기의 하나이다. 태양의 황경이 105도에
있을 때로, 음력 6월, 양력으로는7월 6일이나7월 7일째가 된다.
하지와 대서 사이에 든다. '작은 더위'라고 불리며, 본격적인
더위가 시작되기도 한다. 또 이 시기는 여름 장마철이기도 하며,
소서가 시작되면 하지 무렵에 끝낸 모내기의 모들이 뿌리를
내려 논매기를 했다. (출전 ; 나무위키)

# 대서특필
—열두 번째 절기, 2023년 대서★暑

어제는 중복 오늘은 대서
매서운 더위에 열돔이니 뭐니
대서특필이다

염소 뿔이 녹는다는
대서의 뜨거운 날씨에 더해
거리두기와 불경기는
소상공인의 마음을 애 태운다

찬란하게 빛나며 쓰러져가는
저 태양과 붉게 변한 구름사이로
한 줄기의 바람이라도 불어올까?

끈적거림을 잔뜩 머금은 바람은
내 육신을 게으르게 하고
나의 두뇌까지 멈추어 버릴 것이다

그래도 움직이자
할 말은 하고
몸짓으로 내 마음을 표현하자

억지라도 자양분을 취하고

얼음으로라도 내 육신과 마음을

진정시키자

곧 시원한 바람이 불어올 것이다


*대서 : 24절기의 12번째로 태양 황경이 120도가 될 때를
말한다. 소서와 입추의 중간에 있다. 양력으로는 7월22일,
7월23일경에, 음력으로는 6월에 해당한다. 점성술에서
사자자리가 시작되는 때시기도 하다. 한반도에서는 입추와
더불어 더위의 최고 절정 기간이다. (출전 ; 나무위키)

## 입추立秋와 입추立錐
−열세 번째 절기, 입추立秋

소낙땀 흐르는 계절의 끝에
청량함이 기대되는
선선한 입추立秋를 맞으니
바람의 냄새가 달라졌네

그래도 아직은 더운지
인간 군상들은
산으로 들로 바닷가로
입추立錐의 여지가 없다

어떤 이들이 안도를 느끼는
이 입추立秋에도
또 어떤 이들은 생존을 위한
입추立錐의 여지라도 찾고 있다

뭐에 그리 좋다고
펜션 풀 빌라 파티에
선상 파티에
난장판 비밀룸 술자리인가?

풍광 좋은 계절이 왔으니

조금만 더 힘을 내어 참고

구원의 손짓을 하는 이들에게

마음으로라도 희망을 주어보자


나도 좀 더 참아 보련다


*입추 : 24절기의 13번째로 대서와 처서 사이에 있다.
양력으로는 8월 7일 내지 8월 8일에 해당한다. 태양 황경이
135도가 될 때이다. 입력에서는 '가을이 시작하는 날'이라는
말이 있지만, 24절기는 (해당 항목에서 볼 수 있듯이) 엄연히
양력이다. 음력과는 관련이 없다. 가끔 음력 말복이나
칠석과 겹치는 경우도 있다. (출전 ; 나무위키)

# 삐뚤어진 입
– 열네 번째 절기, 처서處暑

고난의 시기가 지나고
조금은 편한 시절이 왔나 했는데
여전히 서로 입질을 한다

그토록 괴롭혀서 배를 불렸으면
이젠 그만두어야 하지 않나?
나도 이젠 지쳤단다

처서가 지나면
생계를 위해 피를 빨던 모기도
그만두고 물러가지 않는가?

모기는 입이 삐뚤어져
찌르고 빨 힘이 없어서
그렇다고?

사람의 입은 영원히 꼿꼿할 것 같나?
동맥경화, 뇌출혈이 찾아와
입이 곧 삐뚤어질 것이야

그러니 지금부터 라도

좋은 말, 좋은 생각, 바른 행동이라는

영양제를 듬뿍 먹자.


*처서 : 24절기의 하나로 입추와 백로 사이에 있다.
양력으로 8월 22일 내지8월 23일경으로, 점성술에서는
처녀자리가 시작되는 날이다. 이름과는 반대로 더위의 절정인
시기 입추와는 달리, 처서는 확실히 가을이 왔음을 알 수 있을
정도로 기온과 습도가 낮아지기 시작하는 때다. 체감상으로는
이때를 기점으로 진정한 가을의 시작은 입추가 아닌 처서라고
하는 사람이 있을 정도. (출전 ; 나무위키)

# 대풍의 눈물
―열다섯 번째 절기, 백로<sup>白露</sup>

가을 시작의 영광을
입추에 빼앗기고
풀잎에 맺힌 하얀 이슬
네 신세가 처량하네

너의 주소는
태양로 황경 165°
완연한 가을이
시작되는 곳이던가?

장마가 지나 네가 오면
맑은 날이 정상이나
하늘이 시기하는지
큰 바람이 잦아지네

태풍에 고단한 민초지만
팔월 백로에 비가 오면
십리 천석을 늘어난다 하니
어찌 너를 배척할까?

백로야! 백로야!

풍년의 징조가 이럴진대

태풍의 눈물로 울지 말고

대풍$^{大豊}$의 눈물로 웃어보자


*백로 : 24절기의 15번째 절기로, 태양 황경이 165도가 되는
시기이다. 처서와 추분 사이에 있으며, 양력으로는 9월 7일 내지
9월 8일에 해당한다. 농작물에 흰 이슬이 맺힌다는 의미이다.
이슬뿐만 아니라 비도 중요했으니, 옛 속남에 '백로에 비가 오면
십리 천석$^{千石}$을 늘인다'고 하여 백로에 비가 오는 것을
풍년이 들 조짐으로 보았다. (출전 ; 위키백과 한국어)

# 풍성한 낙원
―열여섯 번째 절기, 추분秋分


우렛소리 멈추고
물이 마르니
벌레가 땅으로 숨어든다

뜨거운 태양이 길고 길던
낮의 일부를 태워버려
낮 밤의 길이가 같아지니
더운 것도 딱 오늘까지 만이다

찌꺼기 더위에 농부의 얼굴에는
송골송골 땀이 맺히고
벼를 베고, 과일을 딴다

호박고지, 박고지, 깻잎,
그리고 고구마순도
겨울을 날 먹을거리

가을걷이로 바쁜 농부 덕에
내 마음도 넉넉하게 변하고
온 세상이 풍성한 낙원이구나

*추분 : 24절기의 16번째로 태양 황경이 180도가 되는 때를 말한다. 양력으로는 9월 22일 또는 9월 23일이다. 춘분과 추분을 흔히 이분二分이라고 총칭하는데, 하지 이후 낮의 길이가 조금씩 짧아져 추분이 되면 낮과 밤의 길이가 같아진다. (출전 ; 위키백과 한국어)

# 겨울맞이
−열일곱 번째 절기, 한로<sup>寒露</sup>


푸른 하늘의 맛깔스러운 구름은
미각을 자극하고

넓고 넓은 대지의 달콤한 공기는
후각을 깨우네

산산마다 가을단풍 붉게 물들어 가고
들들마다 가을곡식 알차게 여물어 가네

이슬이 찬 공기를 만나 서리로 변하니
추수가 급하구나

집집마다 타작소리 울려 퍼져
제비는 가고 기러기가 울어대네

봄부터 가을까지
온 힘을 다했으니 이제 좀 쉬어 볼까

가을에 누렇게 살찌는 미꾸라지
탕으로 배불리 먹고 겨울을 준비하자꾸나

*한로 : 24절기의 하나로 태양의 황경이 195도인 때이다.
찬이슬이 맺힌다는 뜻이다. 오곡백과를 수확하는 시기이다. 날짜는
양력으로 10월 8일경이다. 여름새와 겨울새 등 철새가 제각기
자기 자리를 찾아가는 절기이다. (출전 ; 위키백과 한국어)

# 된서리, 추운 겨울
―열여덟 번째 절기, 상강霜降

깊은 가을의 푸른 하늘에 비친
하룻밤 새 샛노랗게 바뀐 들판에는
된서리 한방에 사그라진 칡 잎과
단풍이 든 나뭇잎들이 서글프다

들녘에는 여름풀과 작물 대신
당연하듯 돋아나는 겨울 풀이 얄미운데
새콩 꼬투리는 햇살에 톡톡 터지고
겨울 잠 자는 벌레는 땅을 이불 삼는다

하얀 입김이 숨결에 스며드니
두툼한 옷과 따스한 차가 좋아지는데
무당벌레는 따스한 곳을 찾아
집으로 기어드네

지독히도 추울 겨울이 싫어
벌써부터 몸서리 쳐지지만
밀 보리의 싹이 뾰족이 올라오니
어찌 좋은 일이 없을 쏘냐?

고구마, 생강은 캐서 말리고

국화는 따서 차를 만들고

긴 장대 들고 감을 따

곶감과 감 말랭이를 만들어 보자

눈 내릴 추운 겨울을 생각하며

장작을 패는 수고를 아끼지 않으니

꽃 피는 봄을 있게 하고

시간과 계절을 흐르게 할 것이라

*상강 : 24절기 중 하나이며, 태양의 황경이 210도가 되는 시기를 말한다. 양력으로는 10월 23일 또는10월 24일경에 해당되며, 항토 12궁 중에서는 전갈자리가 시작되는 때이기도 하다. 서리가 내린다는 뜻대로 아침저녁으로 쌀쌀해지기 시작한다. 반면 낮의 날씨는 매우 쾌청하다. 단풍이 절정을 이루는 때도 상강 전후다. (출전 ; 나무위키)

# 먼 봄 생각
—열아홉 번째 절기, 입동立冬

산과 들에는 낙엽이 폴폴 떨어지는데

다람쥐는 먹을거리 준비에 바쁘고

겨울잠 자는 동물들은 굴을 파고 숨는다


추수한 볏짚은 소 여물로 쌓아 놓고

배추와 무를 뽑아 김장을 준비하니

사람들의 눈망울엔 행복이 가득하네


말라가는 도랑 쳐서 살찐 미꾸라지 잡아

뜨끈한 추어탕 끓여 어른 아이 같이 먹고

한 해의 좋은 결실 모여모여 이야기하세


곧 찾아올 동장군을 맞이할 제

몸과 마음 이리저리 분주해도

아직은 먼 봄 생각에 살포시 미소 짓네


*입동 : 24절기의 19번째로 태양 황경이 225도가 될 때이다. 겨울이 시작되는 날이다(절분). 양력으로는 11월 7일경에 해당한다. 음력으로는 10월 초 무렵이다. 서양에서는 모든 성인 대축일(11월 1일), 즉 할로윈 다음 날인 양력 11월부터가 겨울이 시작하는 날이라고 보았다. 입동은 주로 김장을 담글 시기라는 말도 있다. 하지만 사람들은 입동을 그리 중요시 여기지 않는다. (출전 ; 나무위키)

## 아직은 가을이네
−스무 번째 절기, 소설$^{小雪}$

가을 끝자락 소설$^{小雪}$

누가 기다리길래

겨울비는 이렇게 재촉하나


비가 내려 찾아온 손돌추위

손이 시려 호호호

입은 굳어 후후후


천상의 손돌바람

저 편 동장군을 밀어내니

소춘$^{小春}$이라 아직은 가을이네


*소설 : 24절기의 20번째로 태양 황경이 240도가 되는 때를
말한다. 살얼음이 얼기 시작하여 겨울 기분이 들면서도
따사로운 햇살이 있어서 소춘$^{小春}$이라고도 한다. 양력으로는
11월 22일경, 음력으로는 10월에 해당한다. 대개 소설 즈음에는
바람이 심하게 불고 날씨도 추워진다. 이날 부는 바람을
손돌바람, 추위를 손돌추위라고 하며, 뱃사람들은 소설 무렵에
는 배를 잘 띄우려 하지 않는다. 이와 관련해 다음의
손돌바람과 관련된 전설이 전한다. (출전 ; 위키백과 한국어)

# 입이 궁금하네
―스물한 번째 절기, 대설大雪

눈이 펑펑 내릴까
새벽 참에 처다본 하늘
깨끗하고 맑기만 하니
대설은 커녕
첫눈도 아직인가 보네


아흔의 아버지께서
오랜만에 뱉으신 한 마디
'눈은 보리의 이불이야.'


눈이 덮여야 보리가 동해를
입지 않는다는데
하우스 정비에
분주한 사람들을 보면
그것도 아닌가 보다


겨울이라 이래저래
한가함이 묻어난다
살이 찌든 말든 입이 궁금하니
오늘 저녁에는 주전부리라도
주워 먹어야겠다

*대설 : 24절기 가운데 스물한 번째에 해당하는 절기이다. 소설과 동지 사이에 위치한다. 양력으로 12월 7일 혹은 12월 8일경이다. 소설에 이어 오는 대설은 눈이 가장 많이 내린다는 뜻에서 나온 이름으로, 태양 황경이 255도가 되는 때를 말한다. 원래 재래역법曆法의 발상지이며 중국 화북지방의 계절적 특징을 반영한 절기라서 우리나라라면 반드시 이 시기에 적설량이 많다고 볼 수는 없다.
(출전 ; 나무위키)

# 팥죽 준DAY
― 스물두 번째 절기, 동지$^{冬至}$

팥 냄새 진해지면 찾아보는
가슴속 일기장 추억 한 꼬투리


팥죽 한 그릇의 시작이
잔치가 되어버린 손님맞이에
입이 만발은 나올 텐데
말없이 손님을 치러준 고마운 내 반쪽


붉은색 진한 추억의 주인공 중
유난히 정이 가는 한 사람
뜻하지 않게 그와의 우정은
동짓날 밤이 길어지듯 멀어졌다


내일부턴 밤이 짧아지니
그와의 거리도 가까워 지리라
그의 외침을 듣고 싶다
그 집에 가면 팥죽 준 day


우르르 우당탕탕 추억의 주인공들이
그와 함께 쳐들어 오길 상상해본다

*동지 : 24절기 중 스물두 번째 절기로서, 태양 황경이 270도가 되는 때이다. 대개 팥죽을 먹는다. 양력에서는 12월 21일 또는 22일이며, 음력에서는 동지가 드는 달을 11월(동짓달)로 한다. 동지는 반드시 음력 11월에 들어서 음력 11월을 동짓달이라 불렀다. 또한 동지를 작은설로 부르며 크게 축하했다. 민간에서는 설날 떡국을 먹으면 나이를 한 살 더 먹는 것처럼, 동짓날 팥죽을 먹으면 한 살 더 먹는다고 한다. (출전 ; 위키백과 한국어)

## 재탄생의 기적
−스물세 번째 절기, 소한 小寒

새해 새로운 각오를 하고
맞이한 첫 절기라 반갑기는 한데
북풍에 에인 내 뺨은 따갑기만 하구나

대한이 소한 집에 와 얼어 죽을 듯
정초한파 추위가 매서워지는데,
아직도 한참인 인생의 앞길처럼
이 겨울의 종착역은 멀기만 하네

소한의 추위는 꾸어서라도 한다는데
눈앞의 현실은 꽁꽁 얼어붙었으니
어찌 감당을 할까?

그래도 큰 꿈을 가진 대지가
뿌리와 씨앗을 품고,
때를 기다려 재탄생의 기적을 나타내 듯
결국은 역경을 헤치고 물리칠 것이다

살아온 인생이 있으니
비축했던 힘이 발휘될 것이다.
자양분을 흡수하여

뿌리와 줄기에 힘을 기를 것이다.

그래서 찬란한 꽃과 열매를 맺을 것이다.

*소한 : 24절기중 하나로, 태양 황경이 285도가 되는 때이다. 양력으로는 1월 5일 내지 6일에 해당한다. 중국 화북 지방에서는 대한 다음으로 추운 때라 해서 이러한 이름이 붙은 것으로 알려져 있다. 한국에서는 이 시기의 기상은 불규칙적이어서, 1년 중 가장 추운 경우도 있고, 겨울철로는 비교적 따뜻한 날씨를 나타내는 경우도 있다. '대한이 소한 집에 놀러 갔다가 얼어 죽었다'는 속설이 있을 정도로 1년 중 가장 추운 해도 많으나, 따뜻한 해도 많아서 이 날을 전후한 시기의 평균기온은 대한은 물론이고 입춘을 전후한 시기보다도 높은 편이다. (출전 ; 위키백과 한국어)

# 포용과 이해
−스물네 번째 절기, 대한<sup>大寒</sup>

대한아! 어서 와
네 동생 소한이가 세상을 찾아온 후
무슨 억하심정이 있었던지
칼날 같은 추위와 함께
눈을 퍼붓고 세상을 꽁꽁 얼려버린 것 너도 알지?

형만 한 아우가 없다고 하지만
어찌 네 동생 소한이는 그렇게 독한 지 모르겠네
그래도 소한의 얼음이 대한에 녹는다는 말이 있어
너를 많이 기다렸단다

너도 틀림없이 겨울을 상징하고
형인데도 절기 중 제일 마지막 순서라
심술스럽게 행패를 부릴 수도 있을 텐데
세상을 따뜻하게 품어주고 얼음을 녹여 주니
어찌 칭찬을 아끼지 않을까?

나도 이제부터는 세상사람들이 싸 놓은
쓸데없는 감정의 배설물들을

조건 없이 포용하고 이해해 보려 한다

너처럼 사람들에게 따뜻한 봄을 기다리게 하고

희망을 주는 그런 사람이 되어 보려 한다


*대한 : 24절기 중 하나이다. 양력 1월 20일경으로, 24절기의 마지막 절기이며 이 때의 태양 황경은 300도이다. 우리나라에서는 소한 다음으로 가장 매서운 한파가 오는 시기로, 이 때 농가에서는 입춘 전까지 혹한에 대비해 만반의 준비를 하는 풍습이 있다. (출전 ; 위키백과 한국어)

**평설**

# 삶의 소중한 날들과 세상의 기념일을 시화<sup>詩化</sup>하다

조명제(시인, 문학평론가)

1

양재영 시인이 아주 특별한 시집을 낸다. 각종 기념일과 24절기를 주제로 일일이 시를 써서 묶어내는 시집이다. 소재 면에서 24절기와 국경일 혹은 기념일 등이 상통되는 바가 없지 않지만, 특히 기념일에 보다 특별한 상세<sup>詳細</sup>를 더한 것으로 보인다. 그 기념일에는 '순직 의무군경의 날' '바다의 날' '노인 학대 예방의 날' '푸른 하늘의 날' '노인의 날' '세계 한인의 날' '스포츠의 날' '문화의 날' '지방자치 및 균형 발전의 날' '원자력 안전 및 진흥의 날' 같은 날들도 들어 있어, 전혀 들어 본 기억이 없는 날, 들어는 본 듯하지만 어렴풋하거나 생뚱맞은 날이 적지 않다.

그 중에는 '푸른 하늘의 날'이라는 다소 낭만적인 이름의 기념일이 눈길을 끌기도 한다.

푸른 하늘 아래로
빛나는 태양이 비추이는 세상이 눈을 뜬다

구름 한 조각이 바람의 노래와 함께
부드러운 그림자로 길을 만든다

하늘은 언제나
희망의 색으로 날 부르며
세상의 모든 아픔과 슬픔을
그 푸르름 위로 날려 보내어 준다

푸른 하늘이 기억하는
첫 사랑의 따뜻한 떨림과 미소
첫 눈물과 첫 웃음
그 모든 순간에는 향기가 있다

푸른 하늘의 저 편 너머로
나는 나의 꿈을 날리며
세상의 모든 아름다움을 안고
무한한 희망으로 나아가련다
―「푸른 하늘과 희망」 전문

   푸른 하늘에 얹는 시인의 희망과 서정이 맑고 투명하며, 순진무구하기까지 하다.「푸른 하늘과 희망」은 물론 기념일 '푸른 하늘의 날'을 제재로 하여 쓴 작품이다. '푸른 하늘의 날'은 시인의 시처럼 청아한 하늘을 두고 그것을 기념하자는 뜻에서 생겨난 것은 아니다. 심각한 대기 오염의 시대에 대한민국이 주도하여 UN에 제안, 채택된 최초의 유엔 기념일이자 국가 기념일이다. 그러니까, 2019년 9월 9일 미국 뉴욕에서 개최된 UN총회 기후 행동 정상회의에서 우리나라가 해당 기념일 지정을 제안하였으며, 그 해 12월 제74차 유엔총회에서 '푸른 하늘을 위한 세계 청정 대기의 날' 지정을 채택했다. 2020년부터 매년 9월 7일에 '푸른 하늘의 날'을 기념해 오고 있다. 기념 첫 해인 2020년 기념식은 주관부처인 외교부와 환경부 공동으로 9월 7일 서울 노들섬에서 개최되었다.

대기 오염과 기후변화로 빙하가 녹아내리는 환경 재앙이 목전에 다가오고 있는 지금, 인류는 심각한 위기적 불안 의식 속에서 살고 있다. 해마다 심화되어 가고 있는 초미세먼지와 황사로 숨이 막힐 지경의 날들이 늘어나고 있다. 푸른 하늘, 맑은 하늘에 대한 그리움과 고마움이 새삼 뼛속을 파고든다. UN의 '푸른 하늘의 날' 지정은 세계인이 얼마나 대기질 오염의 긴박한 상황에 처해 있는가를 말해 주는 것이며, '푸른 하늘'을 얼마나 갈구하고 있는가를 반증하는 것이다. 양재영 시인은 아예, 푸른 하늘이 얼마나 고맙고 감사한 것이며, 아름다운 사랑과 삶의 진실을 희망으로 열어 갈 징표인가를 순정한 마음으로 노래하고 있는 것이다.

2

양재영 시인이 기록하고, 추억하고, 시화詩化하고 있는 기념일(국경일과 공공 기념일, 사적私的 기념일, 세시풍속과 절기)은 모두 97개, 거의 100여 일에 육박한다. 그가 시로 형상한 기념일들을 하나하나 살펴보면, 명절이나 세시풍속, 24절기, 국경일 이외에 그 많은 날들을 어떻게 챙겨 기록했는가 싶다. 들도 보도 못한, 아니면 한쪽 귀로 듣고 한쪽 귀로 흘려 버렸던, 그 수많은 날들의 기록, 그것이 우선 놀랍기만 하다. 그렇게 그의 시를 따라가다 보면, 기념일이 기념일 아닌 날보다 많은 게 아닐까? 아니, 기념일이 아닌 날이 없구나 하는 생각까지 하게 될 지경이다.

이 지점에서 자칫 부질없는 짓을 한 게 아닌가 하는 생각도 들 수 있겠지만, 참된 성과는 따로 있어 보인다. 하루하루를 기념일이 되게 살자, 기념일이 아닌 날이 어디 있겠느냐. 하루를 금쪽같이 소중히 살 일이다 하는, 보이지 않는 교훈을 시사하고 있다는 말이다.

> 눈을 감고 기다려왔던 새 날이 다가온다
> 새 날이 오면 기대했던 행복도 오겠지
> 다시금 새롭게, 머무르는 구태는 없겠지
> 멋진 Life를 몸으로 느낄 수 있겠지
>
> 봄비 내리면 꽃들도 아우성 피어서
> 새 날에 다짐한 욕심도 같이 부푸는구나
> 비에 비치는 노을 바깥의 길에서
> 시작만 해도 꽤나 괜찮은 것이겠지
> -「새 날의 감동」 1~2연

1월 1일 신정新正을 맞는 감회를 시인은 새 기분, 새 기운의 희망과 실천을 다짐하는 것으로 표현한다. 첫 연에서 화자는 새해 첫 날의 기대와 행복한 삶의 좌표를 그리며, 구태를 벗어 던지고 다시금 새로운 삶, '멋진 Life'를 온몸으로 느낄 수 있기를 소망한다. 그 기대와 소망 속에는 새로운 각오와 다짐의 실천적 의지가 스며 있다. 1월 1일의 작심은 실로 중요한 결심이지만, 그 실행 실천은 결코 쉽지 않아 으레 '작심3일'이라는 말이 생겨났던 것이다. 그만큼 새해 첫 날의 1년 계획과 다짐은 실천하기가 어렵다는 사실을 말해 준다. 그래서 시인은 '봄비 내리면 꽃들도 아우성 피어서/ 새 날에 다짐한 욕심도 같이 부푸는구나'(제2연)에서 보듯, 희망찬 계획과 실천 의지를 아름다운 표현 논리로 다짐하고 있다.

> 다가오는 새 날의 감동은
> 그 빈도는 점차 줄어들겠지만
> 감동의 크기나 부피는 갈수록 커져
> 내 가슴 속 도전지기와 동무가 되겠지
>
> 언제까지나 이 감동은 계속되겠지
> 끝까지
> -「새 날의 감동」부분(제3~4연)

제3, 4연에서 시인은 1월 1일 새 날의 다짐을 작심3일 식으로 변질될 것을 염려하며, 날이 갈수록 새 날의 감동이 그 빈도는 점차로 줄어들지라도 '감동의 크기나 부피는 갈수록 커져/ 내 가슴 속 도전지기와 동무가 되어' 언제까지나 계속될 것을 소망해 마지않는다. 이것은 하나의 기원이며 일종의 자기최면이다.

중국 고대국가 은殷나라의 시조 탕왕湯王은 선정善政을 위해 구리세숫대야에 '구苟 일신일日新日 일신日新 우일신又日新 (진실로 해가 날마다 새로 솟듯이, 날마다 새로울 것이며 또 날마다 새로울 것이다)'이라는 문장을 새겨 넣고, 매일 세수를 하면서 자기 혁신을 다짐하였다고 한다. 성군 탕왕湯王의 이 반명盤銘은 단순히 새로워진다는 것이 아니라, 진정으로 지식과 덕성의 고양을 위해서 매일 매일 성실하게 학문을 익히며 덕성을 함양하여야 한다는 뜻이다. 양재영 시인의 새해 새날의 희망과 다짐은 은 탕왕 반명의 문장을 관통하는 깊은 뜻이 담겨 있는 듯하다. 그는 신정의 복된 계획과 실천적 다짐을 확고히 하되, 에둘러 부드러운 언술로 표현의 미덕을 살리고 있다.

>할머니께서 탁배기 주전자와
>지짐이 소쿠리를 들려주며
>심부름을 시키신다
>
>친척과 이웃집을 돌며
>어른들께 탁배기 한잔과 지짐이 한 점을
>대접하고 오라고 하시네
>
>어릴 적이라 친구들과 놀고 싶고
>추운데 다니기 싫었으니
>대충 건너뛰고 후다닥 다녀왔음이다
>ㅡ「주전자와 지짐이」 부분

음력 1월 1일은 또 다른 한 해의 첫 날이며 새날이지만, 이 날은 우리 민족 4대 명절의 하나로, 설빔과 명절음식을 마련하여 조상에게 차례※禮를 지낸 다음, 음복을 하고 세배를 하는 날이다. 새해 첫 날의 계획을 세우는 이도 있고, 새롭게 소망을 기원하는 이도 있다. 그러나 무엇보다 명절로서의 풍습이 뚜렷한 날이다. 아침에 일어나 세수를 하고는, 집안 어르신들에게 세배를 하고, 층층의 가족이 경우에 따라 상호 세배를 하고 나서, 차례를 지낸다. 차례를 지낸 다음 음복을 하고, 청장년과 아이들은 마을의 어르신들을 찾아다니며 세배를 한다. 새해의 덕담을 들으며, 그 댁에서 으레 내어놓는 설날 음식을 먹고는 다음 집으로 가는 식의 순회를 한다. 친척이나 친지의 집을 찾아 어르신께 세배를 할 때에는 탁주를 비롯한 설날 음식을 간단히 챙겨 가서 올리는 예를 갖춘다.

양재영 시인의 설 명절 주제의 시 「주전자와 지짐이」는 이 같은 설날의 행사와 풍정風情을 요약적으로 형상해 보여주고 있는 것이다. 지금은 농촌 인구의 소멸 현상과 고령화로 옛 설 풍경을 유지하고 있는 곳이 없을 것이다. 명가 고택이 있는 마을에서나 집안끼리의 전통 설 예법을 더러 지키고 있을지 모르겠다. 아무튼, 시인은 설날의 친척괴 이웃 세배의 좋은 기능을 일깨워 준다. 탁배기 주전자와 지짐이 소쿠리를 들려주며 친척이나 이웃 어르신들에게 대접해 드리고 오라고 하신 할머니는 소통의 대가였고, 그 심부름은 어린 장손의 앞날을 위한 포석이었다는 것이다.

할머니의 그 같은 사려思慮는 '그렇게 하기라도 했으니/ 친척어른들이 지금도 나를 기억하고/ 찾아주는 것이 아닐까?'라는 대목이 말해 주듯, 사회성과 인간관계의 고차원적 교육을 감당한 셈이었다. 전통적 명절이나 세시풍속, 혹은 절기에서 우리는 많은 생활 과학적 지혜를 뒤늦게 해석해 내는 곡절도 겪었다. 시인은 설날의 추억 가운데 할머니의 사려 깊은 무위자연적 가르침을 뒤늦게 깨치면서,

나는 나의 후손들을 배려하기 위해
어떤 것을 준비해야 할까?
오늘날의 주전자와 지짐이는 무엇일까?

라고 성찰한다.

 양재영 시인은 정월대보름, 한식, 단오, 한가위, 칠월 칠석 같은 세시풍속마다 개인적 체험과 기억을 되살려 가며 그 시절적 풍속의 의미와 추억의 가치를 시로 되새겨 놓는다. 각박해진 현대사회에서는 미처 헤아리고 누리지 못하는 삶의 지혜와 인정人情의 온기를 추억하게 하고, 젊은 세대에게는 추체험하게 한다.


3

 국경일은 국가의 성립이나 존립, 위기 극복 등의 경사를 기념하기 위해 제정된 것이니, 그 의의와 명분은 실로 지대하다. 시인은 삼일절, 제헌절, 광복절, 개천절 등의 국경일을 기리며, 상황적 설정을 통해 자신의 시적 의도를 천착해 간다. 대한민국에서는 '국경일에 관한 법률'에 근거한 날만 국경일이다. 원래는 삼일절, 제헌절, 광복절, 개천절만 국경일로 이어 왔으나, 2006년도에 '한글날'이 추가되어 5대 국경일로 규정되어 있다. 대한민국 국기법國旗法에 따라 국경일에는 국기를 게양해야 하며, 기념식을 행한다. 5대 국경일은 모두 해당 국경일의 노래가 있다. 한동안(2000년대 후반까지) 음악 교과서 맨 뒤 페이지에 국경일 노래가 수록되어 있었다. 각각의 제목은 삼일절 노래, 제헌절 노래, 광복절 노래, 개천절 노래, 한글날 노래로 전해 오고 있다.

 1막
 어린아이가 보챈다
 급기야 울음을 터트린다

할머니의 한마디에 뚝 그친다
무서운 것은 마마 호환이 아니다
"뚝! 순사 온다."

4막
순사가 말을 타고 마을로 들어온다
품위 있게 보이는 노인에게 뭐라고 하다가
말에서 끌어내려져 뭇매를 맞는다
일제치하에 공무원을 하는 노인이지만
말을 타고 말을 전하는 안하무인격의
일본 순사를 두고 보지 못한 것이다
― 「넌픽션 연극은 계속된다(삼일절)」 부분

국경일을 제재로 한 작품 중에서 삼일절을 형상한 「넌픽션 연극은 계속된다」 일부이다. 제5연으로 구성된 이 작품에서 시인은 1919년 3월 1일 무렵에 발생했던 사건들을 일종의 상황극 형식을 차용하여 나타내고 있다. 일제치하에서 순사가 얼마나 무서운 존재인지, 그들의 조선인 감시가 얼마나 철저하고 매서운 것이었는지를 보여준다. 그러면서도 일본 순사를 골려먹거나, 한일韓日 기차 통학생들 사이에, 차지한 좌석을 내놓으라 강요하는 일본 학생들에게 마늘 씹은 냄새를 풍겨 골탕 먹인 일화로 반전을 성취한다. 4막은 아무리 식민치하라 하지만, 조선의 노인에게 불경한 일본 순사를 용서하지 못하던 조선 민중의 윤리적 성정을 드러낸 것이다. 넌픽션 연극은 여전히 계속되고 있다고 보는 시인은 '이제 우리가 대본을 쓰고 배우가 된다/ 민중들과 호흡하며 만들어야 나가야 한다/ 두렵고 두렵던 순사의 그늘에서 벗어나/ 밝은 미래를 만들어 나가야 한다'라고 강조한다.

> 대한민국의 법본을 바로 세운 날
> 어렵고도 힘든 일이었지만
> 아직도 현재 진행형의 이야기
> 민주주의의 꿈을 향한 걸음은 계속된다
> ─「법본法本을 바로 세운 날(제헌절)」 부분

이 시는 국경일의 하나인 제헌절을 주제로 한 시 가운데 제1연이다. 국경일은 원래 모두 국가 공휴일로 지정되는데, 제헌절만은 공휴일로 지정되어 있지 않다. 제헌국회에서 대한민국의 법본을 세운 것을 기념하는 날, 실로 어렵고도 힘든 과정을 거쳐 왔지만, '아직도 현재 진행형의 이야기'라고 시인은 분명히 말하고 있다. 그간 대한민국의 헌법과 형법 등은 권력자와 정치꾼들에 의해 적잖이 수난을 겪어왔기 때문이다. 시인은 「법의 날」에서,

> 법을 지키는 수호자
> 입법, 사법, 행정 과연 어디일까?
> 어느 한 곳이라도 중심을 잡아야지
> (중략)
> 다만 죄 없는 사람은 보호하고
> 죄진 자는 활보할 수 없도록
> 죄와 벌을 확실히 가려 줘야지
>
> 입법, 사법, 행정
> 누구라도 그렇게 하길
> 국민들은 바라만 보고 있지

라고 작금의 정치적 시국을 날카롭게 비판한다. 정치적 파장 속에서 무법천지로 가는 막장 드라마를 보는 것 같은 오늘의 사법 유린을 역사는 어떻게 기록해 놓을 것인지 자못 궁금하다. 이 비극적 사태 속에서 민주주의의 근본인 입법, 사법, 행정의 삼권분립은 형편없이 망가지고 있다. 그야말로 '국민들은 바라만 보고 있지' 속수무책인 것 같다. 민주주의는 결코 믿을 만한 것이 못 되며, 모범적인 제도도 아니라는 사실이 뚜렷해지고 있다. 법 정신을 구할 메시아는 어디에 있을까. 제헌절은 자유민주주의를 기본이념으로 한 대한민국 헌법의 제정을 축하하고, 그 이념 수호를 다짐하며 준법정신을 앙양하는 날이라는데 말이다.

국가기념일 외에 정무에서 1973년 3월 30일 '각종 기념일 등에 관한 규정'을 제정해 오고 있다. 이 규정에 따른 정부 주관 기념일은 기념식과 그에 부수되는 행사를 전국적인 범위로 행할 수 있고, 주간이나 월간을 설정하여 부수 행사를 할 수 있도록 하였다. 여기에는 식목일, 보건의 날, 28민주운동 기념일, 서해수호의 날, 납세자의 날, 예비군의 날 등 55개 정도에 이른다. 이밖에 만우절, 시인 개인과 가족 기념일 관련 작품, 그리고 24절기를 하나하나 시로 표현한 작품들로 이번 제3시집이 구성되어 있다.

산 정상에서 야호를 외치며
메아리를 찾는 사람은 드문데
불을 찾는 사람은 어찌 그리 많은 지
뜻하지 않은 산불이 천지다

수 십 년에 걸쳐 수백만 명이

가꾸어 놓은 금수강산은
작은 불씨로 하루 만에
잿더미로 바뀌어 버리네

이재민이 수백, 수천이고
복구에도 수많은 시간이
필요하니
─「양식良識을 심자(식목일」 부분

알다시피 식목일은 국민에게 나무 심기의 중요성을 알리고, 산림녹화 및 산지山地의 자원화를 위해 제정된 기념일이다. 나무 심기를 통해 국민의 애림 의식을 높이고, 쾌적한 생활환경을 조성함과 동시에 산림 자원을 확보하는 것을 목표로 한다. 식목일은 비교적 오래 전에 정해진 기념일이다. 1946년 미 군정청이 4월 5일을 식목일로 지정하여 오다가, 1948년 탄생한 이승만 정부에서 식목일을 제정하고, 1949년에 대통령령으로 '관공서의 공휴일에 관한 건'을 공표, 이 날을 법정 공휴일로 삼았다.

식목일의 유래는 지금으로부터 1,300여 년 전으로 거슬러 올라간다는 설이 있다. 신라는 문무왕 10년부터 8년간 당나라와의 전쟁에서 문무왕 17년(서기 677년) 2월 25일(양력 4월 5일) 당나라 세력을 완전히 물리치고 삼국통일을 이룩했는데, 그 날을 기념해 나무를 심었던 것이 식목일의 처음이라는 설이 그것이다.

고려시대에는 풍수사상의 영향 아래 땅기운을 보호하기 위해 나무를 심었다는 기록이 있다. 수도 개경이 있던 송악산에 소나무를 심어 보호하고, 주로 바람의 피해를 예방하거나 땅기운이 약한 곳에 나무를 심는 비보裨

^補^ 조림을 통해 숲을 만들었다고 한다. 조선시대에는 '경국대전'에 나무를 심고 가꾸는 조항을 넣어 백성들의 나무 가꾸기를 권장하고 산림 관리를 강화했다. 나무 심기를 강조한 까닭은 해안으로 침입하는 외적을 물리칠 병선^兵船^과, 당시 세금이었던 곡식 등 공물^貢物^의 운반에 필요한 선박을 만들기 위한 재료를 확보하기위한 것이었다. 오늘날의 식목일인 4월 5일은 조선 성종이 세자 및 문무백관과 함께 동대문 밖의 선농단에 나아가 몸소 제를 지낸 뒤, 적전^籍田^(임금이 몸소 경작한 밭)을 친경^親耕^한 날인 1493년(성종 24) 3월 10일에 해당되는 날이기도 하다. 조선시대의 왕이 친경의 성전^盛典^을 거행하면서 나무를 심는 것이 일반화되었고, 이는 식목일이 4월 5일로 정해지는 데 영향을 미쳤다는 설도 있다.

이렇듯 청명^淸明^을 전후하여 나무 심기에 좋은 때를 골라 식목일로 정하여 산림녹화에 힘썼으나, 조림사업이 순탄한 것만은 아니었다. 6.25전쟁으로 국토의 산하가 크게 훼손되고, 땔나무를 온통 산림을 베어 이용해야 했던 탓에 국가의 산은 벌거숭이 민둥산으로 변하고 말았다. 그 결과적 피해는 수자원 고갈로 이어져 식수와 농업용수 공업용수 등의 부족으로 나타났다. 그 후 박정희 대통령의 강력한 산림녹화 정책의 실효적 성과가 없었다면, 우리도 여전히 북한의 벌거숭이산 실태와 별반 다르지 않을지도 모른다. 그렇게 치산치수 산림녹화 정책의 추진과 국민의 식목·애림의식의 고양으로 푸르른 산천을 만들어 왔는데, 기후변화와 실화^失火^ 방화^放火^ 등으로 동해안 일대의 산맥이 매년 화염에 휩싸이더니, 얼마 전에는 경상북도와 남도 등지의 대형 산불로 산하와 문화유산들, 명가 고택과 마을 과수원 들이 잿더미가 되고 말았다. 그 피해는 산술적으로 추산하기 어려울 정도이다.

양재영 시인의 식목일 주제의 시는 이 같은 산림 조성의 역사와 의의를 말하고, 화기 취급의 부주의한 결과가 어떤 손실과 피해로 나타나는지를 압축적으로 표현하고 있는 것이다. 식목은 임산자원, 식수, 농공업용수를 제공해 주고, 산사태 예방, 공기의 질을 정화하는 근원적 작업에 해당된다. 그런 만큼 '불을 피우기보다는/ 산과 들에 나무를 심고/ 내 마음에는 산야山野에 대한/ 양식良識을 심어보자'라는 시인의 호소에 귀 기울여 볼 일이다.

> 미래의 세상으로 이끄는 핵심기술
> 꺼지지 않는 혁신의 불꽃
> 그러나 어둠의 손길이 스며든다면
> 혁신의 불꽃은 차갑게 식을지도 모르는 일
>
> 기술유출의 위협, 검은 눈동자는 호시탐탐
> 지키기 어려운 기술창조의 둥지
> 정보의 흐름, 거대한 파도 위에서
> 노력하지 않으면 침몰할 것이다
> ─「정보보호의 두꺼운 철벽 길(정보보호의 날)」 부분

우리는 엄혹한 일제 치하와 6.25전쟁으로 세계 최극빈의 나라가 되었었다. 혼란의 시대를 겪으며 마침내 박정희 대통령의 정책 '조국의 근대화'와 '새마을 운동'으로 급속한 성장 발전을 이루어 이른바 '한강의 기적'을 일으켰다. 기업이 마음껏 일할 수 있는 여건을 마련해 주고, 기술 발전을 진작하고, 수출 장려에 운명을 건 추진으로 국가 경쟁력은 커지고 국력 또한 급속히 향상되어 우리는

세계 10위권 안의 경제대국이 되었다.

우리가 경제대국의 반열에 오른 결정적 요인은 기술 발전과 수출 덕분이었다. 특히 반도체 산업과 전자산업의 기술 혁명은 세계를 놀라게 했다. 그 중대한 핵심기술이 눈먼 자들의 반국가적 허욕으로 말미암아 타국으로 유출되는 사건들이 빈번하다. 이 같은 기술유출을 비롯한 정보화 시대의 정보 보호를 위해 정부는 '정보 보호의 날'을 제정하였다. 양재영 시인은 국가 망조의 기술 유출의 위험을 경고하며 '무관심, 무신경 그리고 안이함으로/ 보안의 장벽을 무너뜨리지 말자' '눈부신 미래, 기술 우위의 길/ 정보보호의 힘으로 스스로 지켜내자'라고 강조한다. 시인은 또 핵심기술 창소의 길을 이어 '보안의 두터운 벽과 기둥을 세워/ 한층 더 높은 미래를 건설하자'라고 청유한다.

4

양재영 시인의 이번 기념일 시집에는 국경일, 국가 지정 기념일과 아울러 시인의 개인적 가족적 기념일을 몇 편의 시로 담았다. 「3일의 축복과 그리움-음력 11.9.~11.11. 삼 연속 생일」은 음력 11월 9일 모친의 생일, 10일 부친의 생일, 11일 부인의 생일로 사흘간의 연속적인 축복의 생일이 있음을 시로 기념한 것이다.

삼 일의 축복 속엔 기쁨도 있고
잃어버린 것들에 대한 그리움도 있다네
어머니를 그리워하며 아버지와 함께 나눈 시간
그리고 오늘을 만들어 낸 아내의 사랑
-「3일의 축복과 그리움」 부분

따뜻한 햇살 같은 어머니, 집안의 강인한 기둥인 아버지, 가족 평화의 끈인 아내, 그들에 대한 그리움과 사랑의 가족사를 오늘의 좌표에 기록해 놓고 있는 것이다.

헐벗음과 굶주림은 당신 대代에서 끝내고
자식의 입신양명과 호의호식을 갈망하였던
진 종일 펴지 못한 엄마의 허리에서 창조되었던 태몽
-「내 생일이 다가오면」 부분

「내 생일이 다가오면」은 저자의 생일을 기념하는 시다. 시인은 자신의 생일이 되면 맨 먼저 어머니를 생각하고, 어머니의 태몽을 기억해 낸다. 그 어려운 시대 가난의 대물림이 일반적이던 시절, 오직 자식의 입신양명과 호의호식을 소망하였던 어머니의 태몽이었다. 시인은 돈 산을 쌓아 자식의 굶주림 없는 삶을 소원하셨던 어머니의 사랑을 해마다의 생일날에 사랑과 그리움으로 응답한다.

그렇게 자라 사회인으로 성공한 시인은 이제 결혼 30년을 맞았다. 'XX, XY로 태어남이 30년 시작의 인생이요/ XX+XY로 합침이 또 다른 30년 인생의 시작이요/ 2X'X'의 장성이 30년 인생의 끝입니다'(「또 다른 30년 인생의 시작-11. 22. 결혼기념일」)라는 대목은 우리 누구나가 소망하는 인간의 무탈한 일생을 말하고 있는 것이다. 시인은 이어서 '아프지 않고 굶지 않고/ 비겁하지 않고 민폐 끼치지 않고/ 소소한 일생을 누리게' 해 달라는 소박한 마음과 부부해로를 소망한다.

앞날의 여정이 항상 밝고 행복하길,
가는 길에는 어둠이 있을지 몰라도

서로를 이해하고 지지하는 사랑으로 함께 한다면
환한 불빛이 비추어질 것이야

딸아, 너의 미소가 영원히 뜨거워서
함께 걷는 인생, 여정이 행복으로 가득하길
부모의 사랑을 듬뿍 담아 기원하마
새로운 가정에 축복이 있기를
-「행복한 여정」부분

 부모에게서 태어나고 성장하여 사회의 중역이 되고, 마침내 자녀의 결혼을 기념하는 지위에 이르렀다. 고이 기른, 인생의 새로운 시작을 맞는 장녀의 눈부신 결혼의 날을 눈물과 사랑으로 기념하고, 앞날의 행복한 여정을 축원한다. 사랑과 행복의 가족사적 기념의 시는 시집 속의 한 화봉花峰일 터이다.

 양재영 시인은 세상 기념일과 가족 기념일에 이어, 24절기를 시의 소재로 삼아 절기마다 한 편씩의 시로 구현하여 묶었다. 24절기는 주로 농사의 때 및 농사와 관련한 세시풍속을 나타내는 것이지만, 기후와 건강, 삶의 예비적 정보로서 매우 중요하고 폭넓은 의의를 지닌다.

 24절기는 태양의 위치에 따라 한 해를 24등분으로 나눈 것으로, 일찍이 중국의 화북지방에서 시작되었다고 한다. 24절기는 한국, 일본을 비롯한 동남아 일대까지, 농경사회 기반의 아시아 지역에서 널리 통용되어 왔다. 기록상 우리나라에는 고려 충렬왕 때 도입되어, 이후 오늘날에 이르기까지 농사뿐만 아니라 일상생활에도 두루 사용되고 있는 편이다. 우리나라는 중국 화북 지역과 약간의 기후 차이도 있지만, 최근에는 지구 온난화와 이상 기후로 절기와 농사철이 정확히 맞지 않는 현상도 일어나고 있다.

1년을 12절기節氣와 12중기中氣로 나누어 이를 보통 24절기라고 하는 것인데, 절기는 한 달 중 월초에 해당하며, 중기는 월중에 해당한다. 그러니까 태양력에 따르면 절기는 매월 4~8일 사이에 오고, 중기는 보통 19~23일 사이에 온다. 천문학적으로는 태양의 황경이 0°인 날을 춘분으로 하여 15° 이동했을 때를 청명 등으로 구분하여 15° 간격으로 24절기를 나누었다. 따라서 90°인 날이 하지, 180°인 날이 추분, 270°인 날이 동지이다. 그리고, 춘분에서 하지 사이를 봄, 하지에서 추분 사이를 여름, 추분에서 동지 사이를 가을, 동지에서 춘분 사이를 겨울이라 하여 4계절의 기본으로 삼아온 것이다.

24절기를 노래한 작품 중 요즘 시기와 가까운 절기의 한 편만 골라 살펴보기로 한다.

깔딱깔딱 힘들었던 보리 고개
배고픔은 참아도
사랑의 굶주림은 참지 못했던가?

발등에 오줌 싸던 농번기
훌쩍 커버린 보리 숲 속에 숨어
사랑의 놀음을 한다

보리 그을음에 새까매진
손과 얼굴은 굵은 빗줄기가
씻겨 내려 주는데

시련과 사랑에 지친 내 마음은
누가 어루만져 줄까?

밤이 되니 반딧불이 이리 저리
사랑의 깊이가 더해가니
모르스 불빛으로 내 맘을 전해볼까!
-「사랑 놀음(아홉 번째 절기, 망종)」 전문

*망종 : 24절기 중 하나로 벼나 보리 등 수염이 있는 곡식의 씨앗을 뿌리기에 좋은 때라는 뜻이다. 태양 황경이 75도가 되는 때이다. -「사랑 놀음(아홉 번째 절기, 망종)」 각주

24절기 시는 이렇게 매 작품마다 그 절기를 요약해 주는 주석을 달아 놓고 있다. 그것은 절기 혹은 절후의 사전적 의미를 이해하는 데 편의를 주기 위한 것으로 보인다. 시 「사랑 놀음」은 24절기 중 망종芒種을 제재로 하여 쓴 작품이다. 망종은 24절기 가운데 아홉 번째의 절후로 6월 5일경에 든다. 까끄라기가 있는 곡식을 뜻하는 이 때가 되면 보리는 곧 거두어 먹게 되고, 벼는 모를 심게 되는 철이다. 농가에서는 1년 중 가장 바쁜 때라 '발등에 오줌 싸던 농번기'라 했던 터이고, 새 보리 수확을 하기 전까지 먹을 양식이 떨어져 가장 배고팠던, 이른바 '보릿고개' 시절이었다.

시인은 그 같은 절기의 상황적 환경과 시절 형편을 곡진히 짚어 가면서도 '보리밭의 성정性情'을 언급하여 배고픔보다 더 굶주렸던 젊은 날의 사랑을 간구하는 형식을 택한 것이다. 욕정을 어루만져 줄 사랑을 향하여 밤의 반딧불 같은 불빛 모르스 부호로라도 마음을 전해 볼까 하는, 인간 성정의 시절적 특성을 형상한 것이다. 이처럼 양

재영 시인의 24절기의 노래는 각 절기의 서정적 추억과 삶의 애환들을 결곡한 언어로 엮어 낸 시편들이다.


5

    양재영 시인은 국경일과 많은 국가 기념일, 그밖의 기념할 만한 날, 시인 개인과 가족 관련 기념일, 그리고 24절기를 대상으로 하여 일일이 시로 형상하였다. 이번 제3시집의 국경일과 다양한 기념일 주제 시에는 법률 및 정치적 사건과 관련된 날도 적지 않다. 요즘 정치적 반목과 대립이 극한을 치닫고, 삼권분립의 민주적 가치가 유린되는 시국에 직면하여 나라의 운명을 우려하는 시인의 의사도 기념일 시의 명분으로 작용하고 있다. 저자는 '시인의 말' 중에서,

    해마다 찾아오는 24절기와 수많은 기념일에,
    뜻 있는 사람들이 모여 특별한 목적과 대상을
    축하하고 기념한다면, 어찌 반목만이 있겠습니까?

    조만간 화합하여 손을 맞잡고
    어깨를 나란히 하고 같은 길을 걸어가는
    멋진 모습을 기대합니다.

라고 설파한다. 우리들의 양식糧食이며 건강생활과 연결되어 있는 절기와 수많은 기념일은 축복이고 축제이어야 할 것이다. 시인은 특히 시집의 머리에 「기념일과 축제」라는 '서시'로, 하루하루가 소중한 날들이고, 매일 매일이 기념일임을 강조한다.

    나로부터 시작하여 공동체까지
    작은 것으로부터 범국가적인 것까지

모두가 기념비적이지 않은가!

   매일 매일이 기념일이고 하루하루가 축제이며, 나날이 새롭고 새로워져야 하는 날이 되기를 소망하는 시인의 기념일 주제 시집의 의도를 알 만하다. 모름지기 나날이 소중한 기념일이 되고, 사랑의 축제가 되는 '나'와 나라를 만들어 갈 일이다.*